U0868137

张曼娟
成语学堂 1

野蛮游戏

张曼娟 主编　张维中 著

中信出版集团 · 北京

图书在版编目（CIP）数据

野蛮游戏 / 张维中著 . -- 北京 : 中信出版社，
2019.1（2019.3 重印）
（张曼娟成语学堂 / 张曼娟主编 . 1）
ISBN 978-7-5086-9152-7

Ⅰ . ①野… Ⅱ . ①张… Ⅲ . ①汉语－成语－故事－青
少年读物 Ⅳ . ① H136.31-49

中国版本图书馆 CIP 数据核字（2018）第 140838 号

本书通过四川一览文化传播广告有限公司代理，经张曼娟紫石作坊有限公司
授权出版中文简体字版本

野蛮游戏

主　　编：张曼娟
著　　者：张维中
出版发行：中信出版集团股份有限公司
（北京市朝阳区惠新东街甲 4 号富盛大厦 2 座　邮编　100029）
承 印 者：北京盛通印刷股份有限公司

开　　本：880mm×1230mm　1/32　　印　　张：5.5　　字　　数：90 千字
版　　次：2019 年 1 月第 1 版　　印　　次：2019 年 3 月第 2 次印刷
广告经营许可证：京朝工商广字第 8087 号
书　　号：ISBN 978-7-5086-9152-7
定　　价：35.00 元

版权所有 · 侵权必究
如有印刷、装订问题，本公司负责调换。
服务热线：400-600-8099
投稿邮箱：author@citicpub.com

目录

“张曼娟学堂”系列总序

让“语文力”陪伴孩子一生

张曼娟

在“张曼娟小学堂”快乐学国学

2005 年我在台湾做了一件事，利用暑假期间开办私塾，叫“张曼娟小学堂”。我们招收了大概 120 个孩子，刚开始是将他们分成四个年级，从小学三年级到六年级，给孩子们上传统文化和写作课程。家长们常常抱怨，孩子的创作力缺乏，表达力欠佳，我认为这些都与素养和内涵有关，而中国传统文化提供了无穷无尽的养分。

台湾的孩子一直都在读经，但是他们读经的方式比较呆板，比如背整本的《三字经》和《弟子规》，孩子不懂，但是大人说先背着，长大就懂了。这是对孩子说的善意谎言。

在“张曼娟小学堂”里，我们会尝试另一种方法。比如今天谈“勇敢”，我会问小朋友：“你们觉得什么是勇敢？如果班上有一个同学常常被人欺负，你们觉得该怎么办？如果觉得这样不对，会怎么样处理？你会袖手旁观还是挺身而出？”因为这跟他们的生活有关系，孩子们都很热烈地参与讨论，他们会谈自己怎么样处理这个问题。接下来，让他们读一段《弟子规》，看里面怎么说。在他们觉得《弟子规》说的有道理时，就会不自觉地背起《弟子规》来。接着是一段故事，让大家讨论。然后，我们转向孔子，看看孔子关于“勇敢”又说了些什么，孩子们充分理解了，认可了，然后就会背起来。就这样不知不觉地背诵，而且背得很开心。

● 从“张曼娟小学堂”到“张曼娟学堂”系列

“老师什么时候要为我们这些小孩子写书呢？”到现在，我依然记得最初提出这个请求的那个女孩说这句话的声音，她是2005年“张曼娟小学堂”第一届的学生。

而我确实是呼应了她的愿望，开始策划并创作一个又一个“学堂”系列。我和几位优秀的创作者——张维中、孙梓评、高培耘与黄羿瓅反复地开会讨论着，编写全部内容。

我们察觉到孩子对成语的无感，只是机械式地运用，于是创作了“成语学堂”；感受到孩子无边无际的想象力在成长中不断减少，于是创作了“奇幻学堂”；意识到孩子对于美感和情感的领受变得浮夸而浅薄，于是创作了“唐诗学堂”。

这样的初心和作品，获得了许多家长、老师的认同，更令我们感到欣喜的是，孩子们的真心喜爱。

这让我们知道，“张曼娟学堂”系列不只是古典新释，更是探讨孩子成长中各种情境的系列作品，有着这样深刻的意义。

●“语文力”是什么？

也是在演讲活动的时候，常有家长询问：“我的孩子考数学，演算题全对，但是一到应用题就完蛋了，他根本看不懂题目呀。到底该怎么办？”这是发生在许多成绩优秀的孩子身上的悲剧。

我想，这都与“语文力”相关。“语文力”不仅能提升语文水平，还是提升一切学科的基础，这样的认知放在当下飞速发展的社会环境中，已经有些狭窄。“语文力”，不仅是阅读力，还有理解力与表达力。能不能看懂考题、在考试时拿高分，固然重要；然而，更大的隐忧却是，应付考试，得到高分的岁月，只占了短短几年。孩子们未来长长的人生，假若没有足够的理解与表达能力，他们将如何面对社会激烈的竞争？如何与他人建立良好的人际关系？这样的担忧与期望，才是我们十年来投入许多心血与时间，为孩子创作的初衷。

十年，仿佛只在一瞬之间，许多孩子长大了，他们都是很好的成年人了。也许不是念中文相关专业的，可是，他们一直保持着对于文字的敏感度，对于人情世故的理解。

感谢中信出版社将“张曼娟学堂”系列的简体版以全新的面貌呈现，也相信更多正在成长路上的孩子会因此受益。而我们，仍在创作的路上，以珍爱的心情，成为孩子最知心的陪伴。

“张曼娟成语学堂”系列序

讲个故事给你听

張曼娟

让古代人与现代人亲密对话

自从成立了“张曼娟小学堂”之后，我开始思索，该用什么方式把这些好故事传承给我们的孩子。

我一直相信如果孩子确实了解每个典故的由来，甚至对于典故中的人物产生理解或同情或钦羡，他们就不会错用成语，而且能更进一步体会这些成语是多么简约和精致。我与四位经验丰富的优秀创作者合作，为孩子写作了四本书，针对不同年龄，规划出孩子感兴趣的主题，策划编撰完成了“张曼娟成语学堂”。

张维中创作了《野蛮游戏》，仍是以《西游记》中唐三藏师徒四人为主角。当他们历尽千辛万苦，终于取经成功，要转回大唐长安城时，却离心离德，变得自私自利。于是，他们迷失在时空之中，劫难纷纷而至。这不再是个人逞英雄的时候，必须靠大家同心协力，才能一关一关往前闯。

高培耘创作了《寻兽记》。在这个奇幻故事中，三兄妹不约而同地许下一个愿望，希望一直吵个不停的父母亲“消失”。当愿望成真，他们既后悔又恐惧，决定去沧海桑田寻找那只传说中的“愿之兽”。而他们必须从古代的成语典故中先找到三样宝贝，才能成功营救父母亲回来。

得过儿童文学奖的黄羿瓅这次的作品《我是光芒》，是以小学即将毕业的学生为写作对象，写出他们的小小烦忧与欢喜，似有若无的青梅竹马，深刻浓厚的友情；也写出校园中会出现的歧视和排挤；更写出一群孩子为了帮助别人，许下了一个大梦想，而后一步一步让梦想成真的过程。

孙梓评创作了《爷爷泡的茶》。《爷爷泡的茶》里故事的主人公是一个叫阿铁的男孩，他由茶山的爷爷一手带大，度过欢乐的童年。而后，他长大了，必须告别茶山上的朋友和同学，告别亲爱的爷爷随父母回都市里读中学。更艰难的是，在他离开茶山之后，爷爷突然过世，巨大的转变与创伤，一下子降临在这个青春期孩子的身上。

在故事中流泪、升华

这四本书，不仅故事情节动人，更与孩子的生活息息相关。他们如何与父母、兄弟姐妹相处，他们在学校或团体中如何自处，他们怎么去面对至亲或是宠物的死亡？他们能从转变中长成怎样的人，他们怎么看待不可避免的孤独，又怎么与他人合作创造奇迹？让他们读故事，让他们在故事中看见一个更软弱或更坚强的自己，让他们在故事中流泪或升华，让他们明白，自己也有感动人心的故事。

我们每个人都是故事的创造者，书写了自己的明天。

孟浩然说："夜来风雨声，花落知多少。"

李煜说："春花秋月何时了，往事知多少。"

而我要说："成语千千万，故事知多少。"

讲一个好故事，对世人有益；听一个好故事，让心灵充满善意。

张曼娟

成语学堂1

野蛮游戏

· 北京

第一关

数字迷失

一毛不拔

那一天，孙悟空失去他的七十二变。

能躺着就别坐着，能坐着就别站着，这是我的“猪”生哲学。

懂得品味美食，实践慢活精神，并且总是勇于认错，就是在下——家喻户晓的猪悟能，俗称猪八戒是也。

美食当前，我总习惯喃喃自语。忽然间，砰的一声，我一阵眼花。

“你是好吃懒做，还讲得这么好听！勇于认错？要不是你经常犯错，哪来的机会认错！”

大师兄孙悟空拿起他的金箍棒，朝我的猪头猛力打来。

我灵活地闪开他的棒子，左手拿起酒杯，右手夹着馒头，嘴里塞满饭菜，向他抗议：“我哪里好吃懒做了？看我一心三用，非常讲究效率的。”

一旁的师父唐三藏见状，出声劝诫：“你们就别闹了。明天，咱们就要准备返回大唐，今晚应该好好收心，各自回房读一读经书，整理要带回去的行李吧。”

“我说师父啊，咱们这些年来经历了这么多磨难，现在好不容易取经成功，不必再那么累了吧？我老孙早就约了几个新认识的朋友，准备今晚再去夜游呢！可没时间读什么经书。”大师兄不耐烦地说。

“就算不读经书，也应该回去照顾一下悟净吧？他刚刚退烧，状况仍不稳定，我们还是轮流回去看护着他比较好。”师父劝说道。

小师弟沙悟净感染了肠胃炎，从昨天开始就一直躺在床上，很虚弱。

大师兄挠挠头，嘟着嘴，没好气地说：“那是他不注意身体才变成这样。自己就该承受这一切。”

师父说：“怎么能这么说？谁想要生病啊？悟空，大家都是共患难的伙伴，要体贴一些。悟净生了病，此时更需要我们帮忙。”

师父转过头对我说：“八戒，你也这么想吧？”

“是啊，大师兄啊，小师弟的药好像吃完了，你回去照顾他之前，先替他去买几服药吧！”

大师兄瞪大眼睛：“你叫我去买药，你怎么不去？

还有，凭什么是我去照顾沙悟净，而不是你？”

“我……我也约了新认识的朋友，还要去喝酒嘛。”

“你这个猪头！看我怎么修理你！”

“悟空！注意你的言行！”师父呵斥。

大师兄翻了个白眼，说：“买就买，拿银两来。”

这时我和师父才发现，这一餐是化缘来的，我们身上根本没钱。

“大师兄，你先垫一下吧，事后再请沙悟净还给你。”我说。

只见大师兄脸上闪过一抹诡异的表情，然后支支吾吾地说：

“我……身上也没钱。一毛也没有。”

“噗，不是吧？我记得大师兄你刚才还去买了豆沙饼来吃呢，小贩找钱给你了呀！你忘记你身上还有钱了吧？”

我的手伸向大师兄，他一心急，跳了起来。

突然，他的身上哗啦哗啦地掉出许多钱币来。只见他的猴脸一阵尴尬。师父看在眼里，直叹气、摇头。

师父的无奈和孤单，其实我也是明白的。

自从抵达取经圣地，得到经文以后，我们几个人便松懈了下来。过去大家团结一心的共同目标忽然间消失了，仿佛每个人都失去了向心力。例如沙悟净生病这件事情，我们都不想承担责任。

到底从何时开始，我们变得自私，也不那么关心彼此了？

就在这时候，我们的眼前出现了一个奇怪的女人。她一袭红衣，脸上一点表情也没有，提了一只大竹篮子。我动了动猪鼻子，嗅不出那竹篮里装着什么。

她走到大师兄的身旁，停下来。

“你对你的朋友，可真是一毛不拔啊！”她对大师兄说。

“你是谁？显然是来讨打的！我齐天大圣孙悟空，只要拔下身上的一根猴毛，就能施展厉害的七十二变。你胆敢说我一毛不拔！”

红衣女听了皮笑肉不笑：“你以为一毛不拔，指的是你的猴毛吗？看来你这泼猴，还得好好学习人话才行。”

话未说完，便见红衣女把手伸进她的竹篮里。

“大师兄，小心！”

我喊叫出来，并用肥硕的身躯挡住师父，保护他。

红衣女的动作非常迅速，不到一秒，手已经从竹篮里抽了出来。接着，她一挥手，一张红色的网子瞬间落在大师兄头上。大师兄还来不及反应，网子又被收回。这时，奇怪的事情发生了。从大师兄的嘴巴里冒出许多若隐若现的数字，它们被红网勾住，又一起被收进她的竹篮里。

“大师兄，快使出你的七十二变呀！”我大声喊着。

但，大师兄却一动不动。

“七十二变？”大师兄转身看着我，一脸困惑，“什么是七十二？”

“啊？大师兄，你怎么变数学白痴啦？刚才这女人讥讽你‘一毛不拔’，把你给气昏头了吗？”

“一？什么是一？”大师兄挠头。

我和师父你看着我，我看着你，感到不可思议。

“就算你要他从一数到十，他都办不到了呀。”红衣女冷笑道。

师父开口恳求：“请这位女施主，放过我的徒儿吧！都怪贫僧没有好好教导，没让他知道‘一毛不拔’的意思。”

师父又转身对孙悟空说明：“悟空啊！战国时期有个思想家叫杨朱，他认为做人做事即使不舍己为人，也不应该损人利己。儒家的孟子却觉得这种说法，代表杨朱这个人非常小气，自私自利，不肯贡献一己心力。即使只需要拔一根毛发就能助人，也不愿意。这就是‘一毛不拔’的由来，你明白了吗？”

忽然，天空飘下一片东西来。我接住它。

是一片透明的拼图，上面刻着“一”。

“这是什么？”

此时我们才发现红衣女已经消失了，只有她的声音回荡在空中。

“搜集完一到十的数字，泼猴才能恢复识数的能力……”

大师兄看着我，问：“喂！老猪！她说什么？什么是‘伊道石’，是人名吗？”

噗。我苦笑。

就这样，我那总是灵敏机智的大师兄，失去了识数能力。

一毛不拔

【成语出处】 战国《孟子·尽心上》

孟子曰:“杨子取为我，拔一毛而利天下，不为也。墨子兼爱，摩顶放踵利天下，为之。子莫执中，执中为近之。执中无权，犹执一也。所恶执一者，为其贼道也，举一而废百也。”

【成语释义】 一根汗毛是指非常细微的东西，连这么微不足道的一根毛都不愿拔。这个成语常用来讽刺极端自私的人，不肯贡献一点力量帮助别人。后来又形容人非常小气。

【近 义 词】 爱财如命

【反 义 词】 慷慨解囊、乐善好施

二八年华①

满面皱纹的小女孩，猜猜她几岁？

夜里，我们寄宿在一位施主家。

房间里的灯忽明忽暗，此时一个声音悠悠地从空中传来。“三藏！你们已经迷失了。”

“是观世音菩萨。”师父跪了下来，我们三个也随之下跪。

“取经之后，你们已经成了一盘散沙，因此，迷失在时空中，过去、现在与未来都在同一个时空里。”菩萨这么说。

“菩萨救救我们。”师父虔诚地双手合十。

“要回到大唐，回到你们原本的时空，得靠你们相互帮助，众志成城，否则，你们就会永远飘荡在

①二八年华：是四字词语，为情节需要特加入故事中。——编者注

时空的迷域中，永远回不了家。”

我听了心中很着急，正想起身好好哀求菩萨，一阵强风袭来，菩萨消失了。剩下我们师徒四人不知所措，如何才能回到正常的时空中呢？

我只要心里害怕，肚子就饿，我起床溜到人家的厨房里寻觅食物。

一片漆黑中，我正准备推开厨房的木门，忽然瞥见回廊的尽头闪过一个怪异的影子。

是一个而已吗？不对！我再往前走一些，看见的是两个影子。其中一个一动也不动，另外一个则绕着不动的那个转啊转。

三更半夜的，这两个人在那里干什么？不过，确定是人吗？不是什么鬼玩意？我的饿意顿时被吓散了。

“是谁？”突然，回廊尽头传来对着我喊叫的声音。

听起来是个年轻的女孩。接着，一阵摇晃的光闪烁起来。在烛火中，我看见一个小女孩的脸，一张坦白说长得不怎么可爱讨喜的脸。

“我……我只是吃个东西，吃完，就……就……就走……”

我讲完话才发现自己身上的肥肉正抖个不停。

“老猪！你别只顾着吃，快来帮帮我呀！”

“咦，大师兄，是你？你怎么会在这里？她是谁？”

手中执着烛火的小女孩移到身旁，我才看见原来另一个不动的人居然是大师兄孙悟空。我赶紧跑上前去。可是，不上前还好，一走到他们的面前，我真是傻了。那个小女孩远看只是不怎么可爱，近看才发现简直像个老太婆。真不敢相信，她明明有着小女孩的身躯，却长了一张布满皱纹的脸。

“他是你师兄？连游戏都不会玩，还有资格当人家的师兄？”

她的声音和动作，看起来确实是个小女孩呢。

“游戏？这么晚了，我大师兄跟你玩什么游戏？”

“我见他一个人在庭院里鬼鬼祟祟的，问他做什么，他说他是来散心的。我不信这么晚了，天气又这么冷，还想要出来散心。”小女孩说道。

“散心？”我扑哧一笑，“散心这种优雅的事情，别说我大师兄了，就连我这么有气质的人也没这习惯。冷冷的夜里，睡觉最好啦。”

“猪八戒，你到底是在帮谁啊？”大师兄生气地对我喊叫。

“对哦，”我忽然回过神来，质问那小女孩，“那你又是谁？小孩子为什么这么晚了不睡觉，还在院子里游荡？”

“你如果能替你大师兄解决那道谜题，我就回答你。”

“她要我猜她几岁？”大师兄说。

“这简单哪，少说也有七十岁以上吧！”我回答。

“你们真没礼貌！”小女孩用她布满皱纹的脸，嘟着嘴撒娇。

“大师兄，我们就别跟她瞎搅和，直接回房间睡回笼觉就成了。”

“回不去啊，老猪！”

回不去？岂有此理。我就不信邪！结果，我才伸出猪脚准备离开，小女孩突然间就绕着我们跑起来。

我始终不明白小孩子很喜欢绕着大人或树干转呀转的原因，可是此刻，这个小女孩越跑越快，像龙卷风似的围绕着我们，形成一道风墙，使我们根本无法逃脱。

“停、停、停！我猪头快昏了！起码给点提示吧？”我拜托小女孩。

“好。反正我也困了。”小女孩说，“人家才正值‘二八年华’呢！”

“啊！”大师兄大叫，“‘二八’是什么？”

“你不识数啊！”小女孩跺脚，唰唰唰地跑得更快了。

“大师兄，二八年华指的是十六岁。八加八，等于十六的意思。那位天才诗人李白曾写过一首诗《江夏行》，里面有这四个字。这首诗是描述在长江中下游的一些女子，后悔在正值欢乐的年纪就嫁给了从商远行的先生，如今却非常孤单，等不到丈夫归乡。以后就用‘二八年华’来形容年轻的少女。”

小女孩旋转的速度逐渐缓慢下来。然后，我见到她脸上的皱纹开始消退。不一会儿，她整张脸的模样都变了。

啊，她是我们上回遇到的那个提着竹篮的红衣女。

“你们两个好好记住，别以貌取人哪！”她边说边往天上飞，最后从竹篮里抽出红网，一甩，又一片透明的拼图从天而降。大师兄接住了它。

“上面写着数字‘二’。”

“太好了，你捡回了认得‘二’的能力了，大师兄。”

“不，是你的功劳！”

大师兄肯定我，我反而害羞了起来。

“大师兄，咱们快去睡吧，这么晚了，你不会真的是出来散心的吧？还是你跟我老猪一样，也做噩梦，肚子饿了？”我问大师兄。

“我刚才是打算好好想一想，能不能记起几个招数。否则再遇上坏人，该怎么保护师父跟你们呢？说什么我也是你们的大师兄啊！”

听到大师兄这么有担当的话，我好感动。

“大师兄啊，别担心，至少还有我！我刚才还救了你呢。”

我拍拍胸膛，看见大师兄露出安心的笑容。

这一刻，忽然发现，原来我也能给予别人安全感。

二八年华

【词语出处】 唐·李白《江夏行》

适来往南浦，欲问西江船。正见当垆女，红妆二八年。

【词语释义】 指的是十六岁，正当青春的女子。

后来形容年轻女孩都用“二八佳人”，并不仅指十六岁而已。

三思而行

一条清凉却可疑的溪流。

早起上路，我来到师父身边，问道：“师父昨夜睡得好吗？”

“还好，只是，做了个噩梦。”

噩梦？难道师父也做了相同的梦？难道我们真的迷失在时空之中？

“师父！您是不是也梦见我们回不了大唐了？”我脱口而出。

“什么大唐？为什么要回大唐？”师父看起来很困惑的样子。

“您说，我们现在是在哪个朝代呢？”我小心翼翼地问。

“你说呢，八戒？”师父反问我。

我心里知道，我们应该是要回大唐，但是，很多时候，却也搞不清自己到底在哪个朝代，是秦代吗，还是汉代？

“那么，师父昨晚做了什么噩梦呢？”

“唉，我梦见太阳好大，我们没水喝，快要渴死了。”

说也奇怪，今天早上的太阳，就如同师父梦境中的那样炙烤着我们，午后持续高温，像是快要着火了。

师父的白马因为缺水，舌头伸得好长，不停地喘气，疲惫得快瘫在地上了。师父不忍心，便下了马，牵着它走。再这样下去，我们这几个人也会中暑的。

这一路上荒凉得很，别说没见到任何池塘或溪水，连个人影都没见到。

奇怪的是，虽然看不见任何一个人，却有很多的空房子。

这么多的房子空着，却见不到人，都去哪里了呢？

我们继续走着，经过其中一幢空房子时，见到后面闪动着水光。

“看！有条溪水！”大师兄孙悟空指着前方大喊。

“太好了，阿弥陀佛，佛祖保佑。”师父双手合十。

我们一行人加快了脚步，穿过废墟，来到了溪水边。

真的是一条溪水。方圆百里之内，光秃秃的一片大地，竟然藏着一条溪水，实在是太神奇了。

正当大师兄拿起身上的钵舀起一钵水，准备给师父喝时，忽然听见一旁有人说话的声音。

“爹，喝吧！我们再不喝水，一定会昏倒的。您不喝，我要喝了。”

“小圆啊，爹教过你多少次了，做什么事情都要‘三思而行’才可以。你完全不知道这条溪水干净不干净，就这么鲁莽地喝了，不怕出事吗？”

原来是一对父女。他们也在溪畔，应该也是跟我们一样，口渴了很久，终于找到了水源。

“悟空，”师父开口，“那位施主说得没错，这条溪水看来十分可疑。还是暂时先别喝了，三思而行吧！”

“我只知道鱿鱼丝，不知道什么是三思。快喝吧，师父，您再不喝水真的会倒下。不然，总得让您的马泡泡水解热吧？”大师兄说完，就牵起白马的缰绳，准备将它拉下溪水。

“大师兄，”一向做事情很谨慎的沙悟净挡住了大师兄说，“春秋时期，鲁国一位叫作季文子的大夫，行事很小心，总要考虑再三，才会决定做不做，或者用什么方法来做。这就是‘三思而行’的由来。师父说得没错，做一件事情之前，多多考虑，总是好的。”

大师兄听了以后，点点头，将手上盛好的水倒回了溪里。忽然，就在大师兄倒水的水面处形成了一个旋涡。

不一会儿，溪水中旋转出一条巨大的蟒蛇，狠狠地瞪着我们，好像非常生气我们没有中计。它转啊转的，带着溪水，往地心里钻去。溪水顿时就被抽干了。

最后，我们在干枯的河床上，看见的是一层又一层的白骨。

“阿弥陀佛！罪过、罪过！”

师父看得脸色发白，手捻佛珠，念起佛号。原来，这水真是有问题的。村子里的人，必定是喝了这被污染的水，所以全都丧生了。

天空突然电闪雷鸣，乌云密布，降下大雨。

“啊，太好了。终于浇灭了我们的燥热啊！”我拍拍手大叫。

“猪八戒，你看，我有数字‘三’了！”

大师兄开心地从泥泞的土地上拾起一片透明的拼图。

就在这时候，我们才发现，刚刚也在溪畔的那对父女，随着溪水一并消失了。应该是好心的神仙，好意地助我们一臂之力吧。

三思而行

【成语出处】 春秋《论语·公冶长》

季文子三思而后行。子闻之，曰：“再，斯可矣。”

【成语释义】 在决定一件事情之前，应该反复考虑再三，然后才去做，错误的机会便可降低。

四平八稳

西瓜王国的西瓜料理专卖店。

路程比我们想象中来得近，不到一小时，就抵达了传说中的西瓜王国。

西瓜王国的特色，就是所有的房子外观都是西瓜的形状，物品也会刷上西瓜的颜色与线条。当然，许多东西都是用回收的西瓜皮再制的。

下雨了，守卫西瓜国入口的士兵递给我们的不是伞，而是一人一顶西瓜皮做成的帽子。

看着每个人的头上都顶着半个西瓜，就连师父的白马也戴上了，这实在太滑稽了。可西瓜王国的士兵就在旁边，我们几个人想笑又不敢笑，拼命憋住，真是快憋出内伤了。

“我本来就没头发，不戴也没关系。”重视形象的师父忽然取下了西瓜皮。

“师父你该不会是怕丢脸吧？”大师兄说。

“啊？这……那……怎么会呢？”师父一脸尴尬，只好又默默地戴上。

最后发现，顶着西瓜皮的师父，是我们几个人当中最有特色的。

西瓜国当然少不了卖西瓜的。有一整条大街全是卖西瓜的，生意竞争得很激烈，每家店都把店面装潢得很漂亮，想尽办法招揽生意。我们想要挑选一家，进去吃西瓜料理大餐，但很难抉择。

最后，我们交给师父决定。怎料，师父才走两步，就挑了其中看起来最为普通的一间。

“这间四平八稳，就这家吧！”

“师父看事情的角度跟我们果然不同哪！”我讨好地说道。

“也不是这么说啦……”

师父指着店门的招牌。原来这间店的名字就叫作“四平八稳”。

走进店里，出来迎接我们的是两兄弟。我问他们，为什么店名取作“四平八稳”呢？他们回答：“因为我们兄弟俩的名字，一个叫作‘四平’，另一个叫作‘八稳’哪。”

坐下来点完餐，等待上菜的空当，大师兄终于忍不住开口问道：“到底什么是四平八稳？”这时候我们才想起来，大师兄目前只认得数字一到三。

“在《水浒传》里有一幕写到，戴宗和杨林去看裴宣时，看到他长得非常匀称而且结实，感到很高兴，就用了‘四平八稳’这句话。四跟八都是方向。四，指的是东、南、西、北；八，则指的是东、南、西、北，再加上东南、东北、西南、西北。”师父解释道。

“四……八。”大师兄一知半解地重复念数字。

“那么悟空，你知道这句话后来是引申用来形容什么吗？”师父问。

大师兄愣了愣。正当我打算替他解围时，他忽然开口：

“是不是用来说人做事情或讲话很稳当？甚至，也可以说是做事情只求不出错，却缺乏创新？”

师父微笑起来，点点头。

这时，四平跟八稳各自端上了一道菜。一道是西瓜米粉，一道是西瓜空心菜。我们拿起桌上的碗筷时，大师兄“啊”地叫了一声。

在他的碗下，压着两块透明的拼图，闪烁着数字“四”与“八”。

四平八稳

【成语出处】 明·施耐庵《水浒传》第四十四回

戴宗、杨林看裴宣时，果然好表人物，生得面白肥胖，四平八稳，心中暗喜。

【成语释义】 原本用来形容身体各部位生得匀称和结实，后用来形容人说话和做事稳当。有时也用来形容做事情只求不出差错，缺乏创新。

【近 义 词】 稳扎稳打

五花八门

运动会的西瓜圣火。

原本在“四平八稳”吃完西瓜大餐就要离开的我们，因为老板两兄弟四平和八稳的热情挽留，这一晚，我们就在他们家住了下来。

四平跟八稳两兄弟的名字取得还真是名副其实。他们的店面普普通通，西瓜料理吃起来没什么惊喜，所幸也不难吃，用四平八稳来形容倒是挺恰当的。不过，有的吃总比没的吃来得好。我只要能吃到好吃的西瓜，多留几天都好。

第二天要离开时，兄弟俩又请我们多待几天。

“后天就是我们国家一年一度最盛大的西瓜运动大会，你们一定要留到那时候，看一看才不会留下遗憾！”他们说。

唯一反对继续住下来的是大师兄孙悟空。

“你们不觉得他们兄弟两个人怪怪的吗？绝对不是善类。”他说。

“悟空，这两位施主相当热情地招待我们，一片善心，我们却毫无根据地就乱怀疑别人是坏人，这样不太好吧。阿弥陀佛。”师父指责他。

“大师兄，你一定是感觉到了什么才这么说的吧？”沙悟净问。

大师兄拿出昨天出现的那两块数字四和八的透明拼图。

“你们没发现，这些拼图每一次出现时，都是跟鬼怪有关吗？”他说，“所以我怀疑那两兄弟也是妖魔幻化而成的。”

“悟空，这只是归纳和推测，不一定是事实啊。我们可以小心一些，但不要误会了别人。”师父阻止了大师兄的讨论。

不过，经过大师兄这么一说，我也开始观察起他们两兄弟来。大师兄虽然暂时失去了七十二变的能力，我还是相信他一贯的直觉。

西瓜运动大会开始的前一天，四平跟八稳带我们去看西瓜圣火的传递。当然，盛装圣火的器具也是西瓜皮。

老实说，我从没看过有人顶着半个挖空的西瓜跑步，西瓜皮里冒着熊熊的火焰却不会烧掉，实在很奇妙。重点是，那圣火竟然也闪烁着西瓜皮的纹路。

大会开始的前夕，四平和八稳带我们去逛夜市。

“这个夜市是因为西瓜运动会举办的，因此有很多平常见不到的玩意儿。大家尽情地玩乐吧！”四平说。

果然，我们一路看见好多摊贩和游乐设施，全以西瓜为主题。我最感兴趣的是西瓜瑜伽。参加的人必须能站在西瓜上练瑜伽，且不能摔下来。

“没想到西瓜可以玩出那么多五花八门的游戏吧！”八稳说。

四平跟八稳在我们前方走远时，大师兄在沙悟净耳边偷偷地问：

“‘舞’花八门？我知道八，但是舞花是什么花？”

“是数字五。”沙悟净解释，“五花跟八门指的是兵法中的五行阵跟八门阵，后来用来形容各式各样、变化多端的事物。”

“啊，五，我记起来了。”大师兄笑起来。

忽然不知道哪来的一个西瓜滚到脚边，大师兄一不小心就踩了下去。说也奇怪，西瓜破了，却没有西瓜汁流出来。

大师兄狐疑地拿起地上破掉的西瓜，从中掉出了一块透明的拼图，上面刻印着他刚刚恢复记忆的数字——“五”。

夜里，我尿急起来上厕所时，还没走进去，听到里面有讲话的声音。是四平跟八稳。

我听不清楚他们在说什么。但是，他们离开厕所以后，我却意外地发现在厕所的地板上，掉落了一段看起来很熟悉的红色网线。

红色网线？难道是那个红衣女？

五花八门

【成语出处】 清·吴敬梓《儒林外史》第四十二回

那小戏子一个个戴了貂裘，簪了雉羽，穿极新鲜的靠子，跑上场来，串了一个五花八门。

【成语释义】 五花、八门各指古代兵法中的五行阵、八门阵。后来比喻形形色色、变化多端的东西。

【近 义 词】 千变万化、变幻莫测

【反 义 词】 千篇一律

六畜兴旺

茅房里的阴谋……

西瓜运动大会开幕这一天，四平和八稳带我们去他们城里号称最豪华的大型运动场。一路上，他们两个人不断地说，那是西瓜国朝廷花了八年时间盖的，不只是艺术的巅峰之作，也带动了整个国家的经济发展。

终于抵达了运动场。站在运动场前的我们，全都沉默了。

过了一会儿，敦厚老实的沙悟净打破沉默，忍不住问我：

“二师兄，这，不就是个……西瓜吗？”

没错，整个运动场的外观就是从地上冒出来的巨型西瓜。

“培育了八年才种出这么大的西瓜呢！”四平说道。八稳在旁猛点头。

我悄悄地在沙悟净耳边说:“防腐剂加了不少吧……”

这是我第一次对西瓜感到反胃。

运动大会的开幕式果然非常精彩，但比较吸引我的是之后的嘉年华会，那里聚集了各种小吃摊位。正当我和大师兄准备冲上前去买的时候，四平和八稳开口了。

“其实我们已经在家里准备了晚餐给各位呢，师父们不嫌弃的话……”

“真是不好意思，又劳烦两位施主了。八戒，我们回去吃吧，不能辜负人家的一番好意。”

我只好勉强答应。其实，我正是因为昨天半夜在厕所里遇见他们，怀疑他们可能就是红衣妖女，所以不想在他们那儿多待。

今天早上，我向大家说了此事，只有大师兄认同我。菩萨心肠的师父又说四平跟八稳对我们这么好，我们不该老是怀疑别人。因为这么多天以来，完全看不出他们想害我们的企图，而且地上的红网线，并不能证明些什么。

最后，我们回到了四平跟八稳的家。说也奇怪，不知道究竟是我今天肚子特别饿，还是他们的厨艺进步了，今晚的晚餐，大家都觉得非常好吃。为了配合出家人，他们的料理都以素食为基础。素食可以做得那么色香味俱全，连我这个美食老饕都很佩服。

“多吃点、多吃点啊！”

四平跟八稳这么说的时候，大师兄看了看我。我了解大师兄眼神的意思。在我们耳里，这句话听起来怪怪的。

这天晚上因为吃得太饱了，很难入睡。我从床上爬起来后，才发现师父、大师兄跟沙悟净都在庭院里。

“吃太饱啦，睡不着，在这儿聊天呢！”大师兄说。

“坐着也是饱，既然八戒也起来了，不如我们去散散步吧？”师父提议。

我们在住处绕了半圈，回程时，师父提议换条路，于是我们决定从房子的后面绕回正门。结果，在四平跟八稳的住处后方，我们发现了一个小茅房，门上贴着“六畜兴旺”四个字。

“又是数字，这是什么意思？”大师兄问。

“政治家管仲认为一个国家不该只有国家的粮仓，一般民众所拥有的粮食同样也是储备。人民应该努力耕田、种桑麻跟饲养家畜，那么国家和人民才能富有。后来，这句成语就用来形容家畜养得又多又好。”师父解释。

忽然天空闪过一道光。是流星吗？可是那道光忽然落在大师兄脚边。

“是数字六的拼图。”大师兄找回了辨识“六”的能力。

“茅房里到底是什么？”沙悟净的注意力仍在茅房上。

大师兄推开门，发现那里居然是一个家畜养殖场。果然是六畜兴旺，里面牛、马、羊、猪、鸡和狗全部都有。

可是，我们同时发现，每种动物的上面都挂了个名牌。上面写着“午餐·晚餐”，同时还有一行小字：“给唐三藏吃的狗肉”“给孙悟空吃的马肉”“给猪八戒吃的猪肉”“给沙悟净吃的鸡肉”……

啊，我们破戒了！

我一回头，发现师父已经蹲在地上呕吐起来。

六畜兴旺

【成语出处】 春秋《管子·牧民》

藏于不竭之府者，养桑麻育六畜也。

【成语释义】 六畜指的是牛、马、羊、猪、鸡、狗。形容各种牲畜、家禽繁衍良好，后引申为生活上丰衣足食之意。

【近 义 词】 五谷丰登

【反 义 词】 凶年饥岁

七嘴八舌

千人万人的噪音试验。

这下子，师父终于相信四平跟八稳不是好人了。他一整晚都没睡，当然，现在可不是吃太饱的缘故，而是发现自己吃了好几天的荤食。

师父非常沮丧，坐在房间一直不断背诵经文，除了偶尔说出“罪过”两个字以外，完全无心理会我们。

天还没完全亮，我们就收拾行囊准备离开此处了。

四平跟八稳见到我们要走，还继续演戏，很惊讶似的问我们怎么忽然要离开了呢，他们正在准备“好吃的”早餐啊。

“早餐？阿弥陀佛！罪过罪过！”师父又开始转起佛珠。

“别假装好心啦！故意让我们吃肉，害我们师父快得忧郁症了！”大师兄气愤地说。

"啊？什么意思？误会了吧？"八稳装作不知情。

我拿出那天在厕所捡到的红线。

"还装？这是证据！证明你们肯定是红衣妖女变身的。"

四平跟八稳看了以后，脸色一变。

"哈哈哈！"他们一起笑出声来。四平的声音忽然变成了女人，"你们看起来笨头笨脑的，原来也挺聪明的嘛！"

八稳的声音也变了，同样变成女人的声音："我还在想，怎么衣服破了一个洞呢？原来掉落的线被你这猪头给捡走了！"

"想走？没那么简单。"他们一起说。

忽然间他们两个人跑向彼此，以非常强烈的力道，撞在对方的身上。我吓了一大跳。砰的一大声，闪出火焰似的红光，四平跟八稳两个人结合在一起，恢复成"她"的本貌。果然，就是那个红衣妖女。

接着，她手上抛出的红网，把我们几个人给罩住了。我们努力扯，那网子却像是钢筋一样，一动也不动。

可是，虽然他们两个人结合成了一个人，但说话的声音却开始分裂。本来是两个人说话而已，忽然间好像变成一百个人、五百个人在说话。这些人只能听见声音，却看不见脸孔，绕在我们耳边叽叽呱呱的，好吵啊。

“说出这其中关键的一句话，你们才走得了。不然，你们很快就能体会什么叫作‘吵死’的下场。”

红衣女话才刚说完，耳边的人似乎又增加了一万人那么多。再这样下去，我们的耳膜很快就会破掉的。

“没别的办法了，快努力听听看他们在讲什么吧？”我说。

大家拿出纸笔开始听写，可是根本理不出头绪来。

只要我们一往大门移动，红衣女手上的红网子就将我们拉得更紧。

连平常个性最稳重的沙悟净这时候也变得暴躁起来了。最后，他气得把手上的纸笔用力一摔。

“这样七嘴八舌的，怎么听嘛！”

“七嘴八舌？”大师兄问。

“以前曾经有个长老，被他的徒弟们包围着讲个不停，每个人都有自己要说的话，谁也不让谁，最后竟然被气到哭呢。不就跟我们现在的状况很像吗？人多口杂啊！”

红衣妖女忽然大叫：“哎呀！为什么老是被你们给猜中呢？可恶！”

一阵大风，吹得我们睁不开眼。一会儿才发现，红衣女消失了，我们也自由了。地上闪着一片透明的拼图，那是大师兄的礼物，数字“七”。

“太好了，大师兄，”我说，“数字一到八，你都有了。只差两个数字，你就恢复功力啦。”

“二师兄的意思是，保护师父的重要工作，终于可以再交回给大师兄，松一口气了吧？”沙悟净逗我。

“徒儿，你们看！”师父唤我们。

一转身，我们发现四平跟八稳的房子消失了。

这里竟然是一片墓地。

七嘴八舌

【成语出处】 明·罗贯中《平妖传》第八回

慈长老被众僧七嘴八舌，气得开口不得，回到房中落了几点眼泪。

【成语释义】 形容人多口杂、议论纷纷的样子。

【近 义 词】 人多嘴杂

【反 义 词】 沉默寡言

九牛二虎

长出眼睛、会瞪人的马铃薯。

走着走着，我们穿过一片树林之后，见到了一道小瀑布。在小瀑布的左右两侧，各有一条小径，不知道会通往哪里。

“又到了做决定的时候。”我说。

“师父，您的直觉，该走哪一条呢？”沙悟净问。

“不如还是请你们的大师兄悟空决定吧？”

师父这几天，对他之前误信四平、八稳的事很是自责。

“在我还没恢复七十二变的功力之前，请八戒决定吧！”大师兄建议。

“啊？这……”我紧张得都结巴了。这责任也太重大了。正当我不知道该找什么理由把问题再丢给别人时，忽然听到一阵叫喊。

“帮帮忙啊！有谁能来帮帮忙啊！哎哟，我快不行啦！”听起来是一个老婆婆在呼喊着。声音越来越大，已经足以辨识出是从左边那条小径传出来的。

“糟糕！肯定是老人家出事了。徒儿们，我们快过去看看发生了什么事情吧！”师父说。

那声音确实凄厉，令人觉得不忍，我们二话不说赶紧往左边的那条小径冲过去。果然，看见一个低着头的老婆婆蹲坐在地上，肩膀上压着扁担，扁担两边装着沉甸甸的马铃薯。因为实在太重了，老婆婆整个人累得站不起来。

“老太太，您年纪这么大了，为什么要挑这么重的东西？”师父眼眶泛红地说道，“请我徒儿帮您吧！您要去哪里，让我们帮您送过去？”

“谢谢啊、谢谢啊！你们真是好人。”

低着头的老婆婆点头道谢。可是，她却没有回答师父的问题。

师父催促着我们快上前帮忙。就在大师兄、沙悟净和我走到她身旁，准备拿起扁担时，忽然间，扁担上的那些马铃薯，竟然动了起来。

不一会儿，马铃薯居然全站立了起来，从表皮张开一只只凶狠的大眼睛。

“糟糕！又中计了。大家小心！”

大师兄话才刚说完，马铃薯就瞬间发芽，冒出一根又一根好长的绿枝蔓来，飞也似的朝我们几个人卷来，把我们全给捆住。

这时，一直低着头的老婆婆，终于抬起头。恐怖的是她的脸就是一个马铃薯，除了嘴巴以外，没有其他东西。

“费尽九牛二虎之力，终于又把从西瓜国里逃过一劫的你们给活捉啦！”

“九牛二虎？”大师兄一脸困惑。

站在距离我们比较远一些的师父，立刻开口：“九牛指的是……”

“住嘴！”马铃薯妖怪突然打断师父的话，“这次别想帮这死泼猴！”

马铃薯伸出的绿枝冲向师父，用力地朝他的头上来回撞击。瘦弱的师父哪能经得起这样折腾，很快，他就不支倒地，昏了过去。

“师父！”被绿枝捆住的我们大叫。

接下来，马铃薯怪用绿枝塞满了我跟沙悟净的嘴巴。这下子，我们无法再说话帮大师兄了。

“泼猴，现在你不能再投机地靠你的朋友啦！自己好好想想办法吧！什么是九牛二虎，解不开这谜题，你们休想逃脱。”马铃薯怪说。

大师兄皱起眉来。我跟沙悟净对看了一眼，心想这下子真的惨了。“所谓九牛二虎，”树林里传出一个女孩子的声音，却不见她的踪影，她继续说，“周朝时期，周宣王听说公仪伯的勇力在诸侯中十分有名，就派人去请来询问他的勇力有多大，公仪伯回答能将蠢虫的腿折断，能抵挡秋天知了翅膀的扇动。周宣王大失所望地说自己能拖住九头牛的尾巴而不让其动弹。后来这句话，就用来形容一些要耗费很大力气的事情。”

马铃薯怪气得大叫，快哭出来似的说：“到底是谁又来搅和？”

天空飘下一片闪着数字“九”的透明拼图。我们身上的绿枝、马铃薯和马铃薯怪化身的老婆婆，全都消失了。

到底是谁帮了我们？

我一回头，看见昏倒的师父身旁，站着一个年轻的长发女孩。①

---

①插图见第 59 页。——编者注

九牛二虎

【成语出处】 “九牛”:《列子·仲尼》

吾之力者，能裂犀兕之革，曳九牛之尾。

“二虎”:《战国策·秦策》

指春秋鲁国的大力士管庄子刺二虎的故事。

【成语释义】 一次能拉九头牛，并制伏两只虎。比喻使出非常大的力量，相当费事。

【近 义 词】 力能扛鼎

【反 义 词】 吹灰之力

十全十美

遇见一只会说会笑的美丽猫！

终于，师父清醒了，我们总算松了口气。

“我的妈啊，好险哪！没死掉！”

听到这句话的时候，我们转过身，才发现帮了大师兄忙的长发女孩，还站在我们的身后。刚刚忙着救师父，完全没空理会她。

“刚刚真是紧张死啦！好刺激，对吧？”

那女孩见我们同时看着她，露出一个微笑，然后像是认识了我们好久的哥儿们似的，拍拍我们的肩膀。大师兄孙悟空忽然跳起来。

“你是何方神圣？该不会又是红衣妖女变身的吧？”

“才不是呢！喔，都忘了自我介绍，不好意思。我叫猫小美。其实本名是猫大美啦，可是我觉得我只有一点点的美，叫大美好像太自夸了一点，所以你们还是叫我小美就好。”

猫小美话说完时，我才发现，她真是一只猫。有一对漂亮的、长长的猫耳朵，还有一根说起话来摇个不停的猫尾巴。

“嗯，不会不会，我觉得你很美。”我忍不住多看她几眼，继续称赞，“我看不只大美，叫超美都可以。”

大师兄狠狠敲了我一下，说：“色猪，老毛病又犯啦？谁知道这猫女说的是不是真的？搞不好又是陷阱！”

“请各位相信我，我爸妈也是被红衣妖女给害死的，所以我非常痛恨她，绝对不是她变身的，更不会是她的同路人。”猫小美说。

“徒儿们啊！”还躺在草地上休息的师父开口，“我感觉身体还是挺虚弱的，可以的话，找个人家落脚休息吧？”

于是，我们一行人继续前行，准备赶到下一座城。

“我也打算进城，跟你们一道走，行吗？”

“好啊、好啊！”我瞪大眼睛，边擦口水边说。

终于赶到最近的一座城时，已经天黑了。

一走进城门，就听到吵闹争执的声音。仔细一看，原来是一个客栈的老板跟一群客人吵了起来。与其说他们是客人，不如说是流氓更恰当。

他们几个人拿着棍子跟长刀，围着老板，不断指责客栈里这个不好、那个不好，要求老板退钱。

“几位大人哪，我们也只是间小客栈，不是大酒店，不可能所有东西都十全十美的嘛！请原谅啊！请多多原谅啊！”

那几个流氓显然不讲道理。

“什么鬼话！老子付钱，就是要十全十美！”

忽然间，那几个流氓转头发现我们在旁边。

“喂！看什么看？该不会是老板找来的救兵吧？”

其中几个人，突然就把刀子架到了我们几个人的脖子上。

“你！这长得像猴子的家伙，你说说看，是不是该十全十美？”

“十全十美？十？”大师兄摇摇头。那是他最后一个不认得的数字。

“快说！不然杀了你！”流氓喊道。

“喂！你们几个大男人，有种就来杀我啊！”

猫小美竟然跑到他们面前。我用眼神暗示她快退回来。

“十全是在《周礼》上说的，医师如果医好十个人就是最厉害的医师，后来就引申为‘十全’。十美则是唐伯虎要献给皇上《十美图》，但当时宫中只有九人，就画了九个人。有人看了，告诉他，缺了一个就是遗憾，就不是十美了。于是他赶紧又找了一个美女补上去，就成了十美。”

“啊，十，我认得了！”大师兄惊喜地笑着。

“我要这泼猴回答，不是你！你真多事，可恶！”

天空忽然飘下一片拼图，写着数字“十”。

大师兄把口袋里一路搜集而来的数字拼图拿出来，十张拼在一起，出现了一张回到大唐的路线图。

不只如此，大师兄也像是充电完成似的，恢复了七十二变的功力，从耳朵里掏出了久违的金箍棒。

“可恶红衣妖女，看招！”

大师兄的金箍棒挥了几下，几个流氓的棍子和长刀，转瞬间竟变成棒棒糖，而流氓也变成了动也不动的稻草人。

此时才发现，红衣妖女站在那几个稻草流氓的中间，不断地发抖。接着，她的红衣服燃烧了起来。

“居然破了我的数字大局，害我无法修炼成精，可恶啊！我恨你们……”

她话都还没说完，整个人就燃烧成一团火球，变为一堆灰烬。风一吹，连灰烬也消失得无影无踪了。

十全十美

【成语出处】	先秦《周礼·天官冢宰下》 医师，掌医之政令，聚毒药以共医事。凡邦之有疾病者、疕疡者，造焉，则使医分而治之。岁终，则稽其医事，以制其食。十全为上，十失一次之，十失二次之，十失三次之，十失四为下。
【成语释义】	比喻圆满美好、毫无缺陷的境界。
【近 义 词】	尽善尽美
【反 义 词】	美中不足、一无是处

第二关

快乐日不落

眉飞色舞

快乐得一边走路一边跳舞！

制服了红衣妖女以后，大师兄孙悟空终于恢复了七十二变的魔法功力。

十张数字拼图组合起来变出的大唐路线图，画出了一条快捷方式，让我们接下来的一个月，顺利地避开了很多险恶的地方，离长安城的路程又近了一些。

不过，大唐路线图并没有画到终点，只是漫漫长路中的一段路程而已。

“徒儿们，接下来又是没有地图指示的日子了，大家又得辛苦面对更多的挑战了。我们一起加油吧！”师父唐三藏鼓励我们。

“放心，师父！我会保护大家的！”大师兄亮出他的金箍棒。

大师兄恢复法力，大家都很开心。当然，最开心的人其实是我。因为他又再度站在第一线抵抗恶魔啦，而我总算可以松一口气了。

今天要拜访的这座城国，从地图上看不出任何线索。对于它的背景完全不了解，每个人都相当紧张，随时提防着会有状况发生。尤其城门外一片死气沉沉的，让人怀疑城门内的世界也很恐怖。

可是，当我们一踏进城门，就完全改观了。

这里简直是座游乐场啊，所有的建筑都像是童话里出现的。

走在街上的居民，每个人的脸上都挂着笑容，开心得不得了。

有的人走路走到一半，太高兴了，就跳起舞来；有的人则是边走边唱歌。所有走在路上的人都像家人似的，过马路时就算不认识对方，也会微笑着手牵手。

“虽然不认识你，可是今天好开心跟你一起过马路，真是很棒的回忆。感谢你！”

到了马路的对面，大家还会有礼貌地鞠躬，说出这句话。

这是一座充满朝气、溢满希望的国度。快乐，在这里就像是阳光一样，照耀着每一个人。

“啊，真是太美好了！原来这世界上，还是有对明天充满信心的地方。阿弥陀佛，菩萨保佑。”师父满足地双手合十。

“不过，每个人都眉飞色舞的时候，感觉也怪怪的呢！”猫小美说。

啊，猫小美。她一路跟着我们，就像只猫一样安安静静的，要是不开口，还经常忘了她的存在呢。

“眉飞色舞是什么意思？”我问。

“历史上曾有两个考生分别叫作王乡绅和王孝廉。有一天，王乡绅提到自己如何准备考试，为了记熟文章，费尽多少心力。王孝廉听了，就称赞他的努力一定会让自己成功，更上一层楼。王乡绅听了对方如此肯定自己，高兴得不得了，神情就‘眉飞色舞’起来了。意思就是说人因为很高兴，表情就显得喜悦得意。”

没想到这回解释这成语的，不是师父，是猫小美。“猫小美这么厉害。我以为猫咪的专长只是抓老鼠呢。”我打趣。

“瞎说，”猫小美自嘲，“我还擅长啃鱼骨头！”

大家笑成一团。这时候的我们，简直也像是这里的居民了。

眉飞色舞

【成语出处】 清·李宝嘉《官场现形记》第一回

王乡绅一听此言，不禁眉飞色舞。

【成语释义】 形容非常喜悦得意的神情。

【近 义 词】 眉开眼笑

【反 义 词】 愁眉苦脸

心花怒放

如果有人不停地逗你笑……

然而，就在我们踏入这个快乐的日不落国以后，却发生了一件奇怪的事情。那就是我们的伙伴，小师弟沙悟净变得不太开心了。

“怎么了，小师弟？”

大家总是轮流问他。

“没什么。”

他也总是短短地回答这么一句话后，就不再多说。

沙悟净是我们这几个人当中最“四平八稳”的，个性上虽然不是大起大落，但也不至于像现在这样闷闷不乐，好像有什么心事似的，可是问了他，他只会说，没什么。

这天我们投宿在一间寺庙。

不用说，寺庙里的和尚和参拜的大德们，每个人也都像是中了彩票似的，开心得很。

老实说，我有点搞糊涂了。因为连诵经的时候都边念边笑，到底是好还是不好？

师父被我这么一问，摸摸头，说：“也许是真的很开心吧……”

庙里接待我们的老师父，跳着舞步，领我们到房间。离开时，他忽然开口：

“那位小师弟，似乎不太开心。不喜欢这房间吗？”

他指的是沙悟净。

“没这回事，真是不好意思，请不要担心。”师父赶紧解释。

“这样吧，如果小师弟不介意的话，请跟我来一趟。”他说。

“要带他去可以变快乐的地方吗？”我好奇地问。

老师父说，如果我们有兴趣，也可以一起来。

沙悟净面无表情地点头答应了。我们尾随着老师父一同前往。穿过一条长廊，抵达一间大木屋。还没开门，就听到里头不断传来笑声。

“这里是我们练习欢笑的教室。”老师父说。

“练习欢笑？”大师兄问。

“是啊，快乐也是要常常练习的，否则就会忘了如何快乐。”

一开门，对坐着两排的人，其中一排的人不停地做出各种夸张的鬼脸，对面一排的人便笑个不停。

教室的黑板上，写着大大的四个字：心花怒放。

“心花怒放？”小师弟沙悟净转头望着师父。

师父解释：“心花这个词语出自佛经。本来说的是一个人只要不起恶念，就能觉悟，心里豁然开朗，像是盛开的花朵。怒放，指的就是花开得很盛的意思。后来这句话就用来形容心情极为快活。”

“原来如此。”沙悟净点点头。

“小师弟心情不好，不如也加入大家的行列，一起练习快乐吧。”

老师父请沙悟净坐进队伍中，然后很快地，就有另外一个人坐到小师弟的对面，开始对他做出各种鬼脸。

要是没看到那些鬼脸，可能真怀疑这有啥好笑的，但看着对方竟然总能做出令你意想不到的表情时，还真是会哈哈大笑呢。我们几个人虽然没有坐进队伍中，但是站在一旁就已经笑个不停了。

不过，任凭对方怎么努力，沙悟净还是木着一张脸，没有表情。

过了一会儿，原本在练笑的人也都停了下来。大

家忽然都把目光转向沙悟净身上，沙悟净发现了以后，很不自在。

“啊！”老师父像是领悟到了什么似的说，“我想，这位小师弟，可以不用再练习欢笑了。”

老师父说完以后，微笑着对在场的其他和尚和练笑的人使了一个眼色。而大家不知道为什么，一时之间，也都像发现了什么秘密似的，对彼此点点头，然后露出一抹非常满意的笑容。

这一晚，寺庙里招待我们的晚餐十分丰盛。诡异的是，沙悟净座位前的餐点又格外地豪华。

“应该是安排错座位了吧，我觉得应该是我坐沙悟净那位子才对。”我对一旁的猫小美说。

“我觉得不太对劲。”猫小美说。

“我也觉得。”大师兄附和，“像是要上刑场的犯人，牢房里给的最后一餐，总是特别地丰盛。”

这一餐，就在我们几个人的暗中揣测议论中结束了。吃饱以后，大家各自回房准备睡觉，赫然发现，连沙悟净睡的床都被换过，换成了非常精致的床垫和被子。

第二天早上起床时，沙悟净就消失了。

心花怒放

【成语出处】 清·李宝嘉《文明小史》第六十回

平中丞此时喜得心花怒放，连说："难为他了，难为他了。"

【成语释义】 形容心情像盛开的花朵般舒畅快活。

【近 义 词】 兴高采烈

【反 义 词】 闷闷不乐

心平气和

找个人还要开舞会，是不是太快乐了？

一早起床发现沙悟净不见了，大家都慌了。我和大师兄孙悟空跟猫小美，心里都涌起一股“果然有坏事发生”的恐惧。

“徒儿们，先别着急，这样对事情是没有帮助的。也许悟净没告知我们，就出门散步去了。我们请庙里的和尚和居民帮忙一起找找看，他们看起来都很乐于助人。”师父唐三藏说。

“是吗？”我对大师兄悄悄地说。

“算了。”大师兄压低声音对我说，“师父总认为人性本善，这时候如果跟他争辩，说我们怀疑这里的人把小师弟给拐走了，对事情才真的是一点帮助也没有。”

这时候，一旁的猫小美忽然整个人蹲在地上，皱起鼻子，在地上左闻右闻。“我……昨天可是有洗澡的喔！”我说。

“哈！”猫小美笑起来，用指尖抓一抓鼻子，说，“我是在闻闻看有没有沙悟净的踪迹。”

差点忘了猫小美是只猫，感觉灵敏，嗅觉应该也很好。

昨天招待我们的老师父，请我们进食堂吃早饭时，看见我们一副慌张的模样，忍不住问我们怎么了。我们告诉了他沙悟净失踪的事。

“喔，这样啊……”我看见老师父闪过一个微妙的眼神。站在他身旁的另外一个和尚，嘴角甚至抽动了一下。

那是阴沉的笑意吗？我没看错吧？

“别装蒜了！老和尚！一定是你们把小师弟给拐走的吧！”

哎呀，总是冲动的大师兄又猴急起来了。

“悟空，不得无理！太放肆了！难道忘了紧箍咒吗？”

师父作势，拿起佛珠来，准备念咒。大师兄立刻不再说话。

“各位师父，”老师父笑起来，“我们这里可是快乐至上的呢。有什么不幸的状况发生了，气愤是没用的，只有抱着乐观并且快乐的心态，事情才容易解决呢！大家心平气和一点哪！”

“心平气和是什么？”我问。

“历史上有位叫作吕祖谦的人，做事情时个性总是非常温和，不着急也不生气，坦然面对所有状况，于是也就得到了很多人的信任。他的态度就是所谓的心平气和。”师父解释。

庙里的老师父见我们仍是很着急，于是领着我们到城里的衙门，请他们帮忙告知全城居民，协助寻找沙悟净的下落。

“有人失踪了吗？我们一定会尽力协助的！”

办事的人一脸笑意，好像听到什么喜事似的。真难理解。

到了下午，城里的街道贴满了沙悟净的肖像，每个人都知道了这件事情。

街上的人看见寻人启事时，每个人都跟旁边的陌生人握起手来，信心满满地对着彼此喊话：“保持信心，事情一定会解决的！”说完以后，两个原来就不相识的人又各自离开了彼此。

没想到城里的居民真的非常乐于助人，所有的人都动员起来帮忙找沙悟净。每个人见到我们时，莫不行注目礼，看见我们愁容满面的样子，甚至还在我们面前跳起舞来，希望我们开心。

隔天早上，我们看见每一张寻人启事旁又多了一张海报。为了鼓舞士气，晚上竟然要举办寻人活动开幕舞会。

“这……这些人未免也太快乐了吧？”猫小美一脸困惑。

“是嘛，不是我老孙猴急，看到这东西，叫人怎能心平气和呢？”

一旁的师父愁容满面。他终于意识到，这里的人确实是不太对劲了。

心平气和

【成语出处】	元·脱脱等《宋史·吕祖谦传》
	心平气和，不立崖异，一时英伟卓荦之士皆归心焉。
【成语释义】	形容情绪稳定，不着急也不生气的样子。
【近 义 词】	平心静气、心平气定
【反 义 词】	暴跳如雷、心浮气躁

垂头丧气

这是一种什么气？有毒吗？

晚上，在大师兄孙悟空的提议下，我们趁着全城的居民几乎都去参加舞会时，决定好好探查一下这个过度快乐的地方，到底藏有什么秘密。不过，为了不让他们起疑，我们还是请师父唐三藏跟我们的分身去参加了活动。

大师兄拔下一根猴毛，往天上一吹，叽里咕噜地讲了一串咒语以后，就复制了他、我和猫小美，让他们乖乖地站在师父的身旁。有趣的是，这几个"我们"的脸上都挂着满满的笑意。

"就跟这里的人一样。"我说。

"是啊，快乐过头了。"猫小美叹气。

于是，这一晚，我们三个本尊各自发挥长处，从各种线索开始寻找沙悟净的下落。猫小美发挥猫的本能，轻盈地在屋檐上和围墙边跳上跳下，并且用她灵敏的嗅觉带领我们往前走。

夜路很黑，大师兄拿出金箍棒，变出一个透明的保护罩来罩住了我们。在这保护罩里，我们见到的外面变得很光亮，但别人看见的我们却是一片漆黑。这对于我们的行动，十分有利。至于我呢，当然就是开始感受哪里有食物。

“食物？现在还想吃的！”大师兄敲我的头。

“哎呀，大师兄，人总要吃饭的吧，每个人吃下肚里的东西，其实都会反应在身上。只要小师弟还有进食，我就能闻到他的味道。”我解释。

只要小师弟还有进食——我说完这句话，大家都感伤了。

我们发现这地方真的很诡异。原来不只人过度快乐，连动物都是。走在路上的小狗和猫咪，竟然都边走边发笑，有时笑到发抖，还会跌倒。

绕了整个城市一大圈，竟毫无斩获。就在我们打算放弃的时候，猫小美忽然说，她感觉到了一些什么。她要我们跟着她，跨过一道围墙到里面去。跨一道墙，对她和大师兄来说，当然是易如反掌，对我略显肥胖的身躯来说，可真是辛苦。

好不容易翻进围墙里，我已热得满身大汗。忽然，看见眼前的一切，我立刻又冒出冷汗来。

这里是个占地很大的监牢啊！不知道究竟关了多少犯人，整个牢房里不断传出人们叹气的声音。

“他们不是犯人。”大师兄说，“如果真要说他们是犯人的话，他们犯的罪，就是‘忧愁’这件事。”

我们悄悄走过每间牢房，果然看见门牌上都记载着被囚禁者的档案数据。每个人的资料上都盖着大大的章，印着“快乐不及格”的字样。“是谁？”忽然间，有人拿出提灯照向我们。“啊，刚刚翻墙时解除了保护罩……”大师兄说。

走过来的那个人，是个凶神恶煞似的大汉。不过，虽然看起来凶恶，仍旧在脸上挂着诡异的笑容。

“原来是你们！来找你们的小师弟吗？”

猫小美勇敢地站出来，对他喊叫：“凭什么把这些人关起来？难道忧伤是一件错误的事情吗？”

“一个没有忧愁的世界，不就是你们佛经上形容的极乐世界吗？我们替你们实现了，不好吗？这国度只能容得下朝气蓬勃的人，凡是垂头丧气的人，都会制造忧伤，影响别人，所以一定要抓起来隔离才行。”

“垂头丧气是什么气？有毒吗？”我问。

“这是一段记载两派人马，挟持傀儡皇帝唐昭宗李晔的故事。”猫小美为我解释，“其中一派人马以韩全诲跟李茂贞为首的，挟持走了皇帝，却节节败退，被另外一批人马打到连皇帝都没东西吃了。一行人意志消沉，非常沮丧，书上就以‘垂头丧气’这句话来形容他们。”

“所以，我奉劝你们最好也别垂头丧气，否则，下一个被抓起来的就是你们。到时候，就可以跟你们的小师弟团圆啦！”

大汉指向后方的牢房，我们终于看见了沙悟净。他低头不语，坐在牢房里，很颓丧的样子。

“快放了他！”大师兄冲上前，大汉挡住他。

“想都别想！他被我们挑中了，将成为快乐祭典的供品！”

就在这时候，另外出现了几名大汉，打开沙悟净的牢房，将他捆住，放进个大锅里，然后用推车推出了牢房。

垂头丧气

【成语出处】北宋·欧阳修《新唐书·韩全诲传》

三年正月，茂贞请遣使谕全忠军，诏崔构挟中人郭遵诲往，既行，又命宫人宠颜驰见全忠，谕密旨，乃以蒋玄晖入卫。二日，茂贞独见，至日旰，全诲、彦弘恨甚，逮食，不能捉匕，自见势去，计无所用，垂头丧气。

【成语释义】低垂着头，意气消沉，形容失意沮丧的样子。

【近 义 词】暮气沉沉

【反 义 词】神采奕奕

兴高采烈

杜鹃花雨和超级喷嚏。

小师弟沙悟净竟然被抓起来当作祭品，实在是太夸张了。

这号称快乐日不落的国度，原来是一个如此专制跋扈的地方。那些快乐根本是刻意制造出来的，而且还把自己的快乐建立在别人的痛苦上。难以想象每个人竟然还能成天笑得这么开心，想起来就恐怖。

看着沙悟净就要被推车载走，大师兄孙悟空二话不说，立刻从耳朵里掏出金箍棒，往天空一甩，金箍棒瞬间变长。他伸手接下金箍棒，大喊一声："金箍散花。"金箍棒的两端马上像是烟火发射一样，喷发出漫天的杜鹃花瓣。

哎呀！杜鹃花？糟糕。大师兄变出这个来做什么？

"猪八戒，快呀！"大师兄笑着对我说。

他的话都还没说完，我的鼻子已经痒得不行了。因为我的鼻子对杜鹃花严重过敏哪！

“快把小师弟放开！你们这几个家伙快闪开……”

在花瓣坠落之中，我全身颤抖地对那几个挟持沙悟净的大汉喊话。

“你们的小师弟怎么教都没办法快乐，正是我们十年来等待的人哪。看到他越忧愁，我们就越是兴高采烈地张罗起祭典来了！唯有把这种人拿来祭拜天地，老天才会保佑我们继续快乐啊！”

他们保持着一贯虚伪的笑容说道。

“兴高采烈？”我抽动着发痒的鼻子问猫小美。

“这句成语是说在魏晋时代有个叫作嵇康的人，写了一手好文章，内容多是反映社会现实的。原来是说他写的文章情感饱满，观点也很特殊。不过，后来就引申用来形容人兴致与情绪都很高昂。”

猫小美解释得很好，可惜，我真的受不了了。

“快，快给我闪开！”

就在这一刹那，我的鼻子痒到再也忍不住，打出了一个超级大的喷嚏。咱们猪最引人注目的就是猪鼻子。猪鼻子过敏打起喷嚏来可不是好惹的，如同龙卷风一样的狂风忽起，杜鹃花瓣也随着大风乱窜。

“天啊！眼睛好痛，好酸，又好辣，怎么回事？为什么这猪头打了一个喷嚏，就把我们整成这样？”

几个大汉这时候已经在地上打滚了。他们刚刚还很高傲，这会儿却像是哭闹的小娃儿一样，眼泪直流，眼睛都睁不开了。

“我不是一直提醒你们闪开了吗？别怪我。”

“大师兄、猫小美，”我对他们说，“你们可以把眼睛睁开了。”

“八戒，老实说，每次你对杜鹃花过敏时，我都怀疑，你的呼吸道是不是需要请清洁大队来清扫一下？怎么打个喷嚏都那么臭啊？”

我尴尬地耸耸肩一笑。

这时候，猫小美已经把因为疲惫过度而恍神的沙悟净给搀扶过来。

沙悟净一见到我们，正要开口说话，却昏了过去。①

---

①插图见第 93 页。——编者注

兴高采烈

【成语出处】 南朝梁·刘勰《文心雕龙·体性》

叔夜[①]俊侠，故兴高而采烈。

【成语释义】 用来形容兴致勃勃、情绪热烈的样子。

【近 义 词】 喜笑颜开

【反 义 词】 愁眉不展

①书夜，嵇康的字。古人有名有字。

聚精会神

来自遥远家乡的一颗石头。

大师兄背着昏倒的沙悟净离开牢房以后，我们找到了一片安静的树林，就让他在那里躺着休息。

沙悟净整个人看起来非常虚弱，想必被关在牢房的这几天，受尽了折磨。

猫小美留下来照顾沙悟净，我和大师兄立刻飞奔去和师父唐三藏会合。师父正和我们的分身参加那个莫名其妙的寻人活动开幕舞会。

到了会场，我们躲在一个角落，窥见了正坐在看台上笑得很勉强、表情很不自在的师父，当然还有他身旁那几个我们的分身。

“八戒，三秒钟之后，我们就变到师父身旁取代分身。”大师兄说。

我点头说好。大师兄念了一串咒语后，我一眨眼，三秒钟后我们两个人就变到了师父身旁，取代了分身。只剩下一旁笑得很开心的猫小美还是假的。

“师父，我们已经找到沙悟净了！”我悄悄地告诉师父。

“真的吗？太好了！”师父这会儿是真的发自内心地笑起来。

“我们快离开这个会场吧！”大师兄说。

“不只离开这个会场，也快离开这个奇怪的快乐国吧！”我说。

我回头看着整个会场里笑得合不拢嘴的人们，又看见舞台上悬挂的海报醒目地写着“寻人活动开幕舞会”的字样，忽然很替生活在这个所谓的快乐日不落国度的人们感到难过。

失去了悲伤的情绪，只容许快乐存在的人生，久而久之，也就无法感受到快乐的意义了吧。就像是在味觉世界里，只剩下甜味，没有苦，没有辣，也没有了酸味，甜食的美好也就分辨不出来了。

大师兄留下我们的分身在会场，好让别人不会发现，而本尊的我们此时早已回到树林里和猫小美与沙悟净会合了。

我们回到树林时，沙悟净已经醒来。只不过令人纳闷的是，他倚靠大树坐着，只顾低着头，不知道在看手中的什么东西，完全没发现我们正围在他的身旁。

“悟净如此聚精会神，在看什么东西呢？”师父问。

“神？什么神？”我问。

“不是什么神，是聚精会神。”师父解释，“西汉的王褒获得宣帝的赏识，任命他写了一篇关于君主和贤臣之间关系的文章。里面提到好的君主应该要努力寻找有智慧的贤臣，国家才能兴盛。国家兴盛了，代表君主开明，于是更多精明的人才自然会再聚集起来，贡献众人的智慧。这是聚精会神这个词语最初的出处，后来这个成语就用来比喻一个人专心从事某件事情，精神非常集中。”

“原来如此。小师弟现在真的是聚精会神，不知道在看什么东西哪！”

终于，沙悟净发现了我们，将他手上的东西摊开来给我们看。

是一颗石头。

“在刚到这快乐国的时候，我在路上捡到了这颗石头。我一看就知道，这是只有在我家乡那条流沙河里才有的石头，不知道为什么竟然会出现在这里。看着它，我忽然好想念远方的家乡啊！”

说着说着，沙悟净就落下泪来。

我们终于明白沙悟净这些天来闷闷不乐的原因。原来，是想念远方的家乡了。

我们的家乡啊，不知道什么时候才能回去的家乡。

我们所有人都蹲了下来，拥抱沙悟净，什么话也没有说。

沙悟净擦擦眼泪，此刻，终于笑了起来。

这个发自内心的微笑，远比快乐国里任何一个人夸张的笑脸都要温暖、真实，并且美丽千百倍。

聚精会神

【成语出处】 西汉·王褒《圣主得贤臣颂》

明明在朝，穆穆列布，聚精会神，相得益章。

【成语释义】 原本指集合众人的智慧，后来引申用来比喻一个人集中精神，对正在做的某件事情非常专心。

【近 义 词】 全神贯注

【反 义 词】 魂不守舍

目瞪口呆

喜怒哀乐就像是春夏秋冬。

救回沙悟净以后，原本打算立刻离开快乐国的我们，却忽然有了不同的想法。

“我没办法忘记跟我一起被关起来的那些人。”沙悟净说。

当他一闭上眼睛，就会想到一起被关进牢房的其他人。那些人，其实根本没犯什么错，只不过跟他一样，想要真实地表达出内心情感罢了。快乐国无法忍受悲伤，于是就将他们全部隔离起来。

“我希望把他们都救出来。”

“哦？把他们全都救出来吗？那还不简单！”大师兄充满自信地说。

于是，我们折返回牢房准备行动。不过，因为先前他们“失去”了沙悟净，所以现在整座监牢的监控就更严格了。

大师兄乘着筋斗云飞上天观察了一番，告诉我们，整座牢房加派了两倍以上的人马，现在起码有两百个彪形大汉。该如何让这些人失去防备呢？想了很久以后，大师兄变出了一样东西。

“笑笑丸。”

“笑笑丸？”大家一头雾水。

“是啊，既然他们对快乐这么崇拜，就让他们快乐到无法行动吧！”

猫小美有猫一样的轻盈脚步，我们决定派她悄悄地潜入厨房，将笑笑丸偷偷放进彪形大汉准备吃的午餐里。

果然，他们吃完午餐以后，所有的人都比原来更开心了，看到什么都发笑，笑到在地上打滚。

他们一看到树叶落下来，或是灰尘飘起来，就开始发笑。

我们几个出现在他们面前时，随便摆出什么动作或做出什么表情，都能把他们逗乐。

无论是猫小美眨个眼，沙悟净嘟个嘴，大师兄吐个舌头，师父转个佛珠，或是我噗个两声，每个大汉都笑到必须要另外一个人搀扶着才行。

可是，搀扶着对方的人自己也会笑到发狂，最后，就看见所有的大汉笑到眼泪直流，倒成一堆，像是翻不过身子的蟑螂似的。

他们还没笑完，我们已经将所有被关起来的人都救了出去。

我们带着每一个被关起来的人，回到自己的家。

这些人回到自己久违的家里，起先家人几乎都忘了他们是谁，只是不停地笑着问他们是从哪里来的，需要什么帮助，然后开始跳起舞来。

可是这些被关起来的人，因为太思念家人，忍不住掉泪。

他们充满感情地呼唤着家人的名字，同时解释起前因后果。那些原本只记得快乐、忘记悲伤的快乐国居民，终于恢复了记忆。

他们记起了，这些人原来是他们久违的兄弟、姐妹、孩子或双亲。然后，每个人都惊讶得说不出话来，竟跟着落下了好久不见的眼泪。

“每个人都目瞪口呆呢！”我说。

“目瞪口呆？”这一回轮到沙悟净问我了。

“在元代《赚蒯通》这部作品里曾写到项王看到眼前令他非常吃惊的状态，整个人发愣，睁大眼睛直视，嘴里说不出话的样子，就用了‘目瞪口呆’这句成语。后来便用来形容因为吃惊而发愣的模样。”我说。

那些原本信仰快乐、不容许悲伤的人们，终于找到悲伤的意义了。因为所有的居民都发现，哭过以后，更能感觉到快乐的可贵。

“让他们恢复了悲伤，真的是好事吗？”

离开这里时，大师兄问师父。

“喜怒哀乐就像是大自然里的春夏秋冬。顺其自然，就是好事。”师父说。街上不再见到有人边走边跳舞，偶尔听见街头传来笑声，有时也听见屋子里传出吵闹哭叫声。每个人的家里又流转起了春夏秋冬。

是啊，我也这么相信着。

只有历经过冬天的寒冷，才能明白春天的美好。

目瞪口呆

【成语出处】 元·无名氏《赚蒯通》第一折

吓得项王目瞪口呆，动弹不得。

【成语释义】 形容因为吃惊或害怕而发愣的样子。

【近 义 词】 张口结舌

【反 义 词】 神色自若

第三关

心想事成

尖嘴猴腮

这可不是针对孙悟空发明的成语啊！

返回长安的路途依然遥远，我们仍迷失在时空之中，而面临的挑战也越来越多。

穿过一片大沙漠，这天，我们抵达了另一座城国。

刚走进这个城国，一股怪怪的感觉就涌上心头。

起先说不出来到底是为什么，后来终于明白，原来这个地方，在街上行走的动物比人还要多。

走在路上的动物可不是只有猫啊狗啊而已，各种动物都有。

“这是动物园吧？”我开玩笑地说道。

“那还挺适合我们的啊。”猫小美自嘲。

说得也没错。我们不也是动物吗？

晚餐时间到了，我们向一处人家化缘，对方十分热情地招待，并且请我们留宿。

这户人家算是大家庭，祖孙三代同堂，上上下下加起来，将近二十个人同住一个屋檐下。

照理说，这样的一户人家应该是十分热闹的，但是奇怪的是大家客气归客气，却都相当沉默。

“这家人不太喜欢说话吗？”

回到房间里，我们讨论起来。我这么推测着。

“如果是大人不说话也就算了，问题是连小孩子都那么安静，这不是很怪吗？”猫小美摇着尾巴。

“是啊。而且我注意到，他们彼此之间似乎不太需要说话，就能知道对方的意思。默契很好的感觉。”大师兄说。

“也许是一家人的关系吧。”师父说。

然而，事实并不是如此。

第二天，我们走在街上，发现所有的人都很沉默。

经过一间书院，正好遇到上学的孩童。那些小孩子见到我们便盯着看，露出很诧异的目光。这也不是第一次了。毕竟我们的长相也蛮怪的，小孩子见到我们的时候，通常都会觉得惊奇。

可是，忽然间，一件诡异的事情发生了。

其中一位一直盯着孙悟空看的小孩子，轰的一声，竟然变成一只在地上跳啊跳的猴子。

一会儿，从书院门口跑出一位老师，赶紧把那变成小猴子的小朋友给牵住，然后走到了我们面前。

“真是对不起，太失礼了！”老师牵着“猴子”并且压着它的头，一起跟大师兄鞠躬道歉。

“怎么回事呢？”

“昨天才教小朋友新的成语‘尖嘴猴腮’，他刚刚一定是看到这位师父，心里想着这句成语的缘故。”

“尖嘴猴腮？”大师兄不明白这句成语。

“在《儒林外史》这部作品里曾说到有个人的嘴巴又尖又长，面颊消瘦得不得了，就像猴子一样，很不好看。后来，这句话就用来形容一个人的长相丑陋粗俗了。”师父解释。

“真是对不起啊！小孩子不懂事，不该乱想的。”老师又道歉，“绝对不是说这位师父长得尖嘴猴腮的，只是小孩子心里想着刚学会的成语。”

大师兄一脸尴尬。把自己的腮帮子鼓了起来，想看起来不那么消瘦。

“可是，为什么只是心里想着这句话，就会变成猴子？”我好奇地问。

“这我们也不明白。我们这个国家的人，原本最引以为傲的就是默契这件事情。大家心里想什么，不用说，对方就能意会。可是前阵子，忽然发现有许多小孩子心里想着什么，就变成什么，而且多半是跟动物有关。就像是吃了会过敏的东西一样，大部分的孩子过一两个小时，就会慢慢恢复原状。可是，最近，我们发现有些孩子变成动物以后……”

老师哀愁地看着路上走过的一只河马。

这时候，忽然又有另外一个在校门口的小孩跑过来，站在我的面前。他笑着指着我的鼻子，不说话。

“别乱想！”老师提醒。

可惜老师的话还没说完，他就变成一只猪了。

尖嘴猴腮

【成语出处】 清·吴敬梓《儒林外史》第三回

像你这尖嘴猴腮，也该撒抛尿自己照照！

【成语释义】 形容人面部瘦削，相貌丑陋。

胆小如鼠

如果少思考、多说话，将会如何？

仿佛流行性感冒似的，小朋友心里一想到什么动物，就会变成那种动物的传染病，不断地传染着更多孩子。

原本不说话就可以传递心意的默契，是大人认为这个国家独有的优势，如今却受到很大的威胁。

想到什么就拥有什么，这所谓心想事成的能力却变成了这样的灾难，看来也不是件值得羡慕的事情啊。我在心里想着。

这一晚，我们在投宿的这户人家里，跟大家庭里的家长，一个快要八十岁的老爷爷讨论着最近发生的这些怪事。当然，也跟他分享了白天在书院门口看见小孩子变成猴子跟猪的事情。

“我们在小孩子的身上发现，如果是把话给说出来，

就不会有意外发生。但如果在心底默默想着，仿佛就像发挥了念力似的，会变成动物。”老爷爷分析道。

“那该怎么办呢？”师父问。

“小孩子总喜欢想东想西，不能要他们什么都不想吧？”我说。

“我们只好鼓励他们多讲话、少思考。”老爷爷说。

“啊？少思考？”猫小美睁大眼睛说，“少思考、多说话的结果会很可怕啊！不经思考就说出来的话，一定是很没营养、很空洞的。”

“是啊，我们也知道。但目前实在想不出其他方法。”老爷爷很是无奈。

果然，没过几天，我们就看见街道上开始张贴起“少思考，多说话”的海报。因为诉求是小孩子，所以各式各样的海报也都制作得非常可爱。

除了张贴海报以外，校内校外都举办了很多活动，目的就是要孩子把原本在心里存放的想法，全部都说出来。

“少思考，多说话”是推广的大方针，至于“说出来，保平安”则是随处可见的广告标语。

书院里原本上课的方式是，老师只要站在讲台前，学生就会默默站起来做出立正敬礼的动作，并且行注目礼，如今则必须大声喊出来：“起立、立正、敬礼、老师好。”老师的回话不是“同学好”三个字，而是：“说出来，保平安。”

过去因为大家都很有默契，上课总是静默一片。老师只要把课本翻到某一页，所有的学生就知道现在要讲解哪一页的内容。板书也通常只写一半而已，因为剩下的一半，大家都知道老师想写什么了。

然而，这一切必须改变了。大家都很不习惯。一时之间要大家叽里呱啦地讲个不停，实在不是件容易的事情。

一个星期后，我们看见小朋友渐渐可以开始讲个不停了，但果然如同猫小美所说的，说话的内容十分空洞。

“这样下去的话，下一代都不会思考了。要他们发挥想象力的时候，所有的人都会变得胆小如鼠，不敢多想啊。”老爷爷说。

“胆小如鼠？”沙悟净问。

“在《魏书》里提到过一段萧衍攻城的历史。到了项城这个地方时，朝廷出兵征讨，队伍却望风退兵。萧衍便说，讲起话来好像很厉害，但实际做起事情来时，胆子却小得跟老鼠的胆子一样。以后就浓缩成‘胆小如鼠’这句成语，形容胆量很小的人。”

“一个人，怎么可以失去想象力呢？一听到思考，胆子就变得比老鼠的还要小，那可真是要不得啊！”沙悟净说。

“是啊，如果是我老猪的胆，应该就够大了吧。”我呵呵一笑，开玩笑地说，“胆大如猪，可以发明这句成语吗？”

“你确定是你胆子大？莫不是身躯太肥，不健康而导致的胆结石吧？”

大师兄取笑我，我的脸顿时红起来。

大家都笑成一团，暂时忘记了这个国度所面对的困境。

胆小如鼠

【成语出处】 北齐·魏收《魏书·汝阴王天赐传》

言同百舌，胆若鼷鼠。

【成语释义】 胆量小得像老鼠一样，形容非常胆小的人。

【近 义 词】 畏首畏尾

【反 义 词】 胆大包天

狼吞虎咽

想象力的比赛，稀奇古怪全都来！

为了避免小朋友变成动物却变不回来，全国上下都开始推行“少思考，多说话”。然而，副作用却比想象中来得更大。大家的语言都退化了，说话不讲究修辞与美感，内容也贫乏空洞。

于是，有另外一派意见出现了。这些人认为，小朋友虽然会因为想到动物而变成动物，但只要过一两个小时就会恢复。变不回来的小朋友，实在少之又少。

他们提出数据证明，概率只有五十万分之一而已。再说，那些没变回来的小朋友不见得永远变不回来，说不定只是需要长一点的时间罢了。比如说，一年或二年。

所以他们主张不要限制小朋友的思考，反而应该好好把这个缺点变成优点。也就是说，借此开发小孩子的想象力，看看自己到底能变成哪些有趣的动物。

这天，我们经过了一个广场，正好看到一项竞赛活动，就是主张继续发挥想象力的人士所主办的。

“二师兄！你看左边，那小女生变成了大象。”沙悟净惊讶地说。

“你看右边，那小男孩还变成一只孔雀呢！”我说。

“你们看中间。有一只头是马，尾巴却是猪的动物。”大师兄说。

“这个小朋友不知道在想些什么！”猫小美笑出声来。

“阿弥陀佛！”师父双手合十摇着头说，“这样真不知道是虐待小朋友，还是虐待动物哪！”

活动结束时，现场的人少了一半，因为小朋友都变成了各种动物。

最后，冠军是一个把自己变成老虎头、身体却是腊肠狗的小朋友。

“老实说，真是有点恐怖。”我不忍多看。

等大家都变回人形时已经过了一个小时。大会准备了丰盛的餐点招待参与活动的大人和小孩。

“几位师父，你们也一起来尝尝本地特制的糕饼茶点吧！”

主办单位发现我们在角落全程观看活动，邀请我们一起入席。

“这位施主，不用客气，谢谢您的好意。我们不饿，你们请慢用吧！”师父还在客气地推辞的时候，肚子饿得咕咕叫的我，早就拉着大师兄、沙悟净跟猫小美坐了进去。

结果，师父吃得比谁都多。

“师父，真不好意思啊，一定是今天早上徒儿化缘的早餐太少了，才让您饿着了。您慢点吃啊，让人觉得您狼吞虎咽，可就失礼啦！”

大师兄故意开师父玩笑。

“狼吞虎咽？”猫小美问。

“《官场现形记》里描述，有人见到一块又香又肥的猪蹄子时，动作神速地开始吃起来，又猛又急的，不一会儿，竟然就把整块蹄子给吃光了。像是好久没吃到东西的饿狼与饿虎，一见到猎物上门来就扑过去。后来这个成语就用来形容一个人吃东西完全不顾形象，吃相粗鲁，一下子就把东西给吞进肚里去。”

师父终于放下手上的糕点，缓缓地解释道。

坐在我们面前的小朋友大概变来变去的很耗费体力吧，每一个人真的是狼吞虎咽呢，新的糕点一上桌，不到三秒就被大伙给一扫而空。

“狼吞虎咽哪，我懂了。”猫小美说，“总觉得每次由师父讲解成语，都特别容易懂呢，脑子里也特别有画面感啊。”

画面感……我忽然有种不好的预感。

一回过头，我旁边坐着的猫小美和师父唐三藏消失了。

只剩下一匹狼和一只老虎。

狼吞虎咽

【成语出处】	清·李宝嘉《官场现形记》第三十四回 只见他拿筷子把蹄子一块一块夹碎，有一寸见方大小，和在饭里，不上一刻工夫，狼吞虎咽，居然吃个精光。
【成语释义】	形容吃东西又猛又急。
【近 义 词】	风卷残云
【反 义 词】	细嚼慢咽

马不停蹄

变成不能骑的马，有什么用呢？

谁也没想到，原本已经被认定的规则——只有小孩子才会变成动物，竟然被师父唐三藏跟猫小美给打破了。

这下子可好了，整个城国里的大人全都慌了手脚。尤其是主张让孩子尽情变身的人，原本轻松自在的态度，也都改变了。他们不再置身事外，认为孩子再怎么变也跟大人无关。如今，他们也紧张起来。

更令大家惶恐的是，师父跟猫小美一个小时以后并没有变回来。

时间进入了第三天。这也就是说，我们和师父变成的老虎与猫小美变成的狼，就这样相处了三天。

虽然变成了心里想着的那个动物，不过在性格上还是保有原来的样子，只是外形改变了，并且失去了人类的语言能力。

师父和猫小美也是如此。因此，我这辈子第一次看见老虎那么具有禅味，每天盘坐着，一看就是师父在打禅的模样。至于猫小美变成的那只狼，每天走路的样子都轻悄悄的，拱起脊背就往屋顶上跳，虽然常常笨重地滑落下来。

这天下午天气变得很热，我们照例牵着师父的白马去河边替它洗澡。

“啊，是不是也该把师父跟猫小美一起牵去呢？”沙悟净问。

于是大师兄牵着白马，我牵着老虎，而沙悟净牵着狼的画面顿时浮现。

我们在河边对看着彼此，真是哭笑不得。

“大师兄，该不会接下来的返乡之路，我们就得这样一人牵一只吧？”

我无奈地说：“白马牵着还可以骑，老虎跟狼，牵着在路上走，有多奇怪啊，又不能骑！”

“亏你想得出来！”大师兄敲了敲我的头，瞪了我一眼。

整个城国里的小孩子继续变成动物，大人“中奖”的案例也愈来愈多。虽然大部分的人都能变回人形，但，只要有一个人无法恢复，就是一桩悲剧。

师父和猫小美变成动物的这些日子以来，我们忽然意识到，只要有任何一个人改变了，彼此的生活似乎就会秩序大乱。

我们已经变成了生命共同体。

大师兄每天都驾着筋斗云四处寻找解药，希望可以尽快破解魔咒，好让师父和猫小美恢复正常人的生活。

“大师兄真是马不停蹄地寻找秘方哪！”我跟沙悟净说。

“马不停蹄？大师兄不是猴子吗？又不是马，哪来的蹄？”沙悟净纳闷。

“不是啦！马不停蹄是出自元代王实甫所写的《丽春堂》，文章里描述手忙脚乱到停不下来的模样，就像是一匹奔跑不休的马一样。后来就用这个成语来形容一个人忙碌的样子。”我说。

“马不停蹄啊，原来是这个意思。还真是有画面感的一句成语呢！”

“啊，别多想！”我紧张地叫出声来，“别再想这成语的画面了！”

可惜我老猪说话的速度，总比不上吃东西。

这下子又多了一匹不能骑的马了。

马不停蹄

【成语出处】 元·王实甫《丽春堂》第二折

赢的他急难措手，打的他马不停蹄。

【成语释义】 到处奔走而不休息，用来形容忙碌不休的状态。

【近 义 词】 快马加鞭

【反 义 词】 裹足不前

井底之蛙

井底那只青蛙，还戴着土地爷爷的帽子……

想也没想到，继师父唐三藏变成老虎、猫小美变成狼以后，连沙悟净也变成马了。

师父变成动物，还算是符合这个国度里人变成动物的状况，可是我们本来就是动物，为什么动物还会变成另外一种动物呢？想不透。

只剩下我跟大师兄孙悟空了。

“大师兄啊，如果我们两个人，其中有一个一定得变成另外一个动物，你希望你变，还是我变？”我问大师兄。

“你真无聊。这问题像是情人问对方，如果两个人当中一定得有一个人先死，那要谁先死一样。”大师兄瞪了我一眼。

“问问而已嘛。”我喃喃自语，“我希望我先变。”

"为什么？"

我苦笑着，指着房间里的师父、猫小美跟沙悟净。

"因为我对当动物园园长没啥兴趣。"

事实证明大师兄确实比我更适合当动物园园长。每天，无论是喂食、洗澡或睡觉，他都把大家照顾得好好的。

当然，更重要的还是我们依然马不停蹄地四处奔波，寻找解除咒语的方法，包括提炼中药。

这天我们俩去山上采药草时，经过一座土地公庙，正打算拜一拜，跟土地爷爷问好时，赫然发现庙里的神像不见了。

"奇怪，连神像都有人偷吗？"我问。

忽然，我们听到一阵细微的、带着回音的声音传过来。

"小兄弟！两位小兄弟！在这儿呢！"

"啊，是土地爷爷的声音，我听出来了！"大师兄说道。

可是，我们左顾右盼的，始终没见到土地爷爷的身影。

"在庙旁的草堆里有口水井，我在里面哪！"

我和大师兄赶紧把乱草拨开，果然见到一口井，并确定土地爷爷的声音确实是从里面传来的。

我们俩趴在井口，很惊讶。因为干涸的井底，望着我们的并不是土地爷爷，而是一只青蛙。重点是这青蛙还戴着土地爷爷的帽子。

“别怀疑，是我，救我出去！井太高了，我跳不出去！”

大师兄立刻从耳朵里掏出金箍棒，把变成青蛙的土地爷爷给拉了上来。“怎么回事？土地爷爷，您近来迷上扮装游戏了吗？”大师兄问。

“什么扮装！没礼貌！”土地爷爷说，“这里最近有个蚕宝宝，有一天，我跟他讨论起国内的风景名胜古迹，他什么都不懂却喜欢装懂。最后，我忍不住说他是井底之蛙，应该多爬去远一点的地方开开眼界，别老是窝在菜园里。没想到，蚕宝宝生气了，不知道施展了什么法术，竟然把我变成青蛙，并且嘲笑我，说我才是井底之蛙。”

“井底之蛙是什么意思呢？”我问。

“庄子曾说过黄河的河神‘河伯’与‘北海’之间的故事。某个秋天，黄河的河水大涨，河面变得很宽阔，宽到无法见到对岸。河伯于是很得意地向北海炫耀自己的伟大。结果，河伯来到北海的出海口时，才领悟到自己是多么的渺小。北海就说河伯像是生活在井里面的青蛙，没见过大海，以为自己井里的水很宽阔。”土地爷爷解释着。

“所以连土地爷爷您都遭殃了！”大师兄感叹。

“什么意思？”

“土地爷爷，您可能不知道这一带许多孩子跟您一样，都变成了动物。连我师父也被变成动物了。”

“啊？真的吗？这下子我真是井底之蛙了。”

“不过，还好遇到了土地爷爷。至少现在我们有了新线索，知道这一切原来是蚕宝宝搞的鬼。”大师兄说。

“可是，为什么蚕宝宝要这样呢？又要上哪儿去找他呢？”我问。

大家都低头不语，陷入沉思。

“啊，有了！”

土地爷爷转了转他那两颗圆鼓鼓的青蛙眼。①

---

①插图见第 127 页。——编者注

井底之蛙

【成语出处】 战国·庄周《庄子·秋水》

井蛙不可以语于海者，拘于虚也。

【成语释义】 比喻见识浅薄的人。

【近 义 词】 坐井观天

【反 义 词】 见多识广

守株待兔

为什么猪要戴上兔子耳朵呢？

因为遇见了土地爷爷，所以我们才知道把小孩变成动物的幕后黑手，是一只把土地爷爷也变成青蛙的蚕宝宝。

可是，这一次跟过去对抗妖魔的经验不同。从前妖魔都会直接现身，不然就是化身成人形，潜伏在我们周围。但这一回，我们完全不知道这蚕宝宝到底在哪里。

直到土地爷爷想到一个引诱蚕宝宝出来的方法。

“桑树。”土地爷爷的眼神闪过一抹骄傲的满足感，“蚕宝宝不都喜欢吃桑叶吗？想办法变出一片桑树园，这蚕宝宝一定会忍不住现身来吃的！”

这天下午，大师兄骑着筋斗云四处寻找，终于不知道从哪儿拔了一棵桑树回来。晚上，他利用七十二变的魔法浇灌这株桑树，第二天一大早，再来看的时候，一片广阔的桑树林就神奇地出现了。

“我们三个轮流站岗，一整晚都守着桑树，一定能抓到他。”我说。

大师兄、土地爷爷和我三个人抽签，决定了轮番站岗的顺序。还没轮到的，或者已经站过岗的，就可以在树下睡觉。

第二天一早，我就被大师兄的叫喊声给吓醒了。

“桑叶不见了！全部都被吃光了！”

我跳起来转身看那片桑树林，真的已经是光秃秃的一片。蚕宝宝把桑叶全吃光了。再转过身，看见应该负责站岗的土地爷爷还在呼呼大睡。

我们叫醒了土地爷爷。

“真是对不起啊……我，年纪大了。”土地爷爷一脸抱歉，“而且，我现在还是一只青蛙哪，有些事没办法控制啊……”

唉，能说什么呢？总不能责怪老人家啊。

“这样守株待兔，一定无法跟他正面对峙的！”大师兄说。

“守猪戴兔？要我戴兔女郎的帽子吸引他的意思吗？”我的脸顿时红了起来，低下头，手指头抓着衣角说，“想不到大师兄有这样的点子……”

“不是啦！守株待兔是说，从前有一个农夫，有天看见一只兔子不小心撞到大树死掉了，以为只要每天待在那树下等着，就会有兔子自动送上门，不必那么辛苦地去种田或打猎了。意思是说做事情不知变通，想要不劳而获。”

“那我们可不能守株待兔啊！毕竟师父、小师弟跟猫小美，都还等着我们解救他们哪！”我说。

“咳、咳、咳！”土地爷爷发出声音来。

“还有变成青蛙的土地爷爷啦！”我挠挠头说。

正当我们起身，准备离开光秃秃的桑树林时，不远的前方忽然出现了一个大约十岁的孩子。他一副心事重重的样子。

我们走到他面前，他立刻开口：

“你们在找蚕宝宝吗？”

大师兄惊讶地反问：“你怎么知道？”

“我见过他。”

“在哪里？”我急急地追问。

他转过身往前走。

我们只好半信半疑地跟在他身后。毕竟，现在也别无他法了。

守株待兔

【成语出处】	战国·韩非《韩非子·五蠹》 宋人有耕田者，田中有株，兔走触株，折颈而死。因释其耒而守株，冀复得兔。兔不可复得，而身为宋国笑。
【成语释义】	妄想不劳而获，或者意指死守旧规、不知变通的态度。
【近 义 词】	故步自封
【反 义 词】	见机行事

漏网之鱼

没生过病，也不过敏，就能逃过一劫。

我们半信半疑，跟着半路出现的这个小男孩走。

看起来，他是这个地方除了土地爷爷以外，唯一知道蚕宝宝的人。但，老实说，我跟大师兄孙悟空和土地爷爷仍心里存疑。

“你们应该在怀疑，我其实就是蚕宝宝的化身吧？”

走到一半，小男孩忽然转过身来这么说，脸上挂着一抹早熟的笑容。

“嗯……也不是这么说啦……”

竟然被看穿了。我尴尬地回应。

我们确实偷偷讨论过这件事情，还说要提防着点才行。

“你们放心吧！我没有必要骗你们。事实上，我知道你们是谁。你们是从长安城到西域取经的师父，你们的丰功伟业，我都听爷爷说过。很多年以前，他曾经得到你们的帮助，所以对你们始终心存感激。前几天，爷爷听说唐三藏也被变成了动物，相当紧张，希望能帮忙。可惜他年纪大了，所以只好请我替他尽一份心力，让我带你们去找到那个破坏者。”

“原来如此。”大师兄接着问，“可是，你要带我们去找他？难道不怕自己也被变成奇怪的动物，变不回来吗？”

“我对他的魔法免疫。从小我的体质就很怪，从来没生过病，当然更没有对什么东西过敏的，免疫力特别强。没想到这项优点，如今能抵抗破坏者的魔法。对他来说，我应该算是漏网之鱼吧！”

“漏网之鱼？”我打量着他，狐疑地问，“你明明是人，不是鱼啊？”

“我不是说我是鱼啦！”他哈哈笑起来。外在有着孩子的身体，但说话和思考都很成熟的他解释着，“是我爷爷这么告诉过我的。从前有人跟太史公有过一段对话，两个人讨论国家应该如何治理百姓。谈到汉朝时，因为教育良好，人民的道德水平也高，于是国家不需要制定太过严厉的法律来约束大家。当时法律好宽松，就像是在渔网里的鱼都能溜走似的，结果反而没什么作奸犯科的事情发生。”

“后来便引申出了漏网之鱼这句成语？”我问。

“嗯。引申用来比喻逃过规范、制裁或劫难的人。”

大师兄忽然插话：“可是，你要如何引他出来？好像除了土地爷爷以外，这里被变成动物的人，没有一个亲眼见过他。”

“其实我不用主动找他，他也会一直想办法找到我。在好几个他间接把大家变成动物的场合，我都逃过了。他很不服气，有天晚上，竟主动现身在我面前，以为面对面对我施法就会成功。没想到，我还是免疫。所以依照他的个性，他一定还会再主动找我。此外，更重要的是，我有一样他想要的东西。”

“他想要的是什么东西？”大师兄好奇地问。

他笑了笑，指着前方出现的一栋木屋。

我们走进木屋，看见桌上摆着一个笼子。

“就是这个。他会为了这个来找我的。”小男孩指着笼子。

我们上前看了看，原来，是蚕蛹。大约有十个。

“这是从他身上掉下来，被我捡到的。”

“他自己就是蚕，要这些蚕蛹做什么？这些是他的亲人？他要保护他们直到变成蛾？”大师兄问。

“不！”忽然，从地下传来声音，把我们大家给吓了一跳。

低头一看，差点忘了土地爷爷变成了青蛙，一直在地上尾随着我们跳啊跳。

为了表示尊重，我们蹲下来跟青蛙，哦，不，跟土地爷爷面对面。

“恰好相反。”土地爷爷说，“他要吃掉他们。”

我们睁大眼睛，不敢相信。

“吃掉自己的同类？”

“没错。蚕宝宝若要修炼成精就必须吃掉同类，吸取精华。对蚕来说，化成蚕蛹变成蛾之前，是营养最高的时候。”

“太没有人性了！”我摇着我的猪头。

“他本来就不是人哪！”小男孩说。

这一晚，我们待在这个小木屋里过夜。

不知道睡了多久，夜半时分，我忽然被摇醒了。是地震吗？越摇越严重了。转身看见大家也都醒过来。

“不是地震。”小男孩一脸正经，“是他，来了。”

漏网之鱼

【成语出处】西汉·司马迁《史记·酷吏列传》

网漏于吞舟之鱼。

【成语释义】比喻侥幸逃过劫难、危险或制裁的人。

【近 义 词】漏网游鱼

【反 义 词】一网打尽

顺手牵羊

蚕宝宝的天敌是什么呢?

就在屋子摇晃得像要翻过来时，大师兄孙悟空大叫一声:“大家小心！”一阵浓浓的白烟忽然四散开来，顿时眼前一片模糊。

不久，白烟退去，居然看见擎着金箍棒的大师兄，正站在一条巨大的白蟒蛇身上。不！不是蟒蛇，我定神一看，那就是蚕宝宝啊，我的老天！

“那小鬼头藏起了我的维生素，而你们跟他站在同一阵线，就是他的帮凶。我要一起解决你们！”蚕宝宝喊叫道。

“维生素？”我不明白地问。

“就是他要吃掉的蚕蛹。”小男孩悄悄地说。

这时，大师兄举起他的金箍棒，将脚下的蚕宝宝狠狠敲了一记。

“解决我们？还早呢你！看招！”

大师兄一跃而上，把金箍棒甩到天上，一接手，金箍棒的尖端立刻散出带着钉子的细网，一个个像是吸盘一样落在蚕的身上。接着，大师兄用力向右边一甩，他就往右边倒，往左边一甩，他又往左边倒。他想要挣脱，但钉子牢牢地扣住他，痛得他哇哇大叫。

在我们都以为即将收服蚕宝宝时，他忽然吐出蚕丝来，把大师兄给捆住。大师兄一不留神，手上的金箍棒掉了下来，蚕身上的网子也落下来。

“糟糕！”我立刻冲上前，拿起我的猪耙子想替大师兄解围。怎料，他的蚕丝也吐向了我这里。结果，我滑了一跤，也被蚕丝给困住了。

“小伙子，把我丢到孙悟空那儿去！”

我听见变成青蛙的土地爷爷对躲在角落的小男孩说。小男孩捧起土地爷爷，用力一甩，土地爷爷就飞到了大师兄的怀里。“唰”的一声，土地爷爷伸出青蛙独有的长舌头，一卷，就将大师兄身上的蚕丝给拨开了。

真没料到，土地爷爷年纪那么大，动作却依然灵敏哪！

挣脱蚕丝后的大师兄，捡起金箍棒，立刻念了一串咒语。最后把金箍棒对准了蚕宝宝，大喊：“蚂蚁上树！”

只见金箍棒顿时喷射出一团黑色的玩意儿，看不清楚是什么东西。等到看清楚时，也同时听见了蚕的尖叫。

“蚂蚁！竟然用蚂蚁对付我。好恶心！我的天啊！走开、走开！”

蚕的气焰马上消失了，他全身爬满蚂蚁，痒得直发抖，模样很好笑。不久，蚕宝宝就像是泄了气的皮球，只在地上留下了蚕皮，消失在空气中。

我身上的蚕丝也不见了。

“大师兄，你真棒！怎么会想到用蚂蚁这招呢？”我说。

“猜猜看？”大师兄抓抓他的猴毛。

“啊！”小男孩举手抢答，“因为蚕宝宝的天敌是蚂蚁。”

“答对了！”

就在这时候，被冷落在一旁的土地爷爷开口了。

“真是的！走就走嘛，还顺手牵羊呢！”

“顺手牵羊？他又把谁变成羊了？”我紧张地四处张望。

“顺手牵羊原来的故事是说有人离开时，没有经过主人的同意，就顺便带走了不属于他的东西。在《孙子兵法》的三十六计里，第十二计就是顺手牵羊。”土地爷爷解释。

“那么他带走了什么东西？”我问。

土地爷爷指着他头上，一片空。

“帽子？”大师兄笑出声来，“土地爷爷，他要你的帽子干什么？”

小男孩说：“他确实有这毛病。之前他想要来抓我，讨回他的蚕蛹时，每次离开总是顺手牵羊，忍不住从我房间里带走一些东西。只不过，他偷走的东西，都恰好是我不想要的破旧东西呢！”

我笑出声来：“你的意思是蚕宝宝是捡破烂的？”

“喂喂喂！我那帽子，丑归丑，可是跟了我三千多年了呢！”

三千多年。土地爷爷果然历史悠久，身上随便的一样东西，就是几千几百年呢。

“咦？土地爷爷，你变回人形了！”

这时候，我们才发现土地爷爷早就不再是只青蛙了。这表示师父唐三藏，沙悟净跟猫小美，以及所有变成动物的人，也都恢复了原形。

顺手牵羊

【成语出处】《礼记·曲礼上》

效马效羊者右牵之。

顺手牵羊也是兵法“三十六计”当中的第十二计。

【成语释义】顺手把人家的羊牵走，比喻乘机取走别人的东西。

【反 义 词】路不拾遗

第四关

野蛮游戏

滚瓜烂熟

如果这世界只有黑色与白色……

解决了蚕宝宝以后，把人变成各种奇怪动物的魔法也终于消失。我们又和“久违”的师父唐三藏、小师弟沙悟净跟猫小美“重逢”了。

整个城国里，人们变成动物的状况也不再发生。

“蚕宝宝究竟是为什么要这么做呢？”沙悟净问道。

师父解释：“说起来，也不能完全怪他。这两天，我和一些住在此地的老居民谈天，才发现原来这里的小孩子常常虐待动物。猫啊狗啊小鸟啊等等的，这些孩子总是喜欢对它们做恶作剧。至于蚕宝宝，也不过只是其中一种而已。”

“所以，”猫小美说，“蚕宝宝决定将这些孩子变成动物，让他们尝尝身为动物的辛酸。这也算是一种教训吧。”

“是的，对于这世界上的万物，无论是人、动物还是一草一木，都应该有同情心，不该以大欺小才对。”师父说。

原来如此。知道事实以后，我忽然同情起蚕宝宝来了。虽然他的报复态度是不对的，不过，我完全能够理解不被人尊重的苦闷。蚕宝宝恐怕是我这一趟取经之路，唯一不那么痛恨的妖魔吧。

距离长安，感觉又近了一些。

几天之后，我们转进另一个小镇。一走到城里最繁华的大街上，我老猪的肚子就不争气地咕噜咕噜大叫起来。经过一间茶馆门口时，我实在忍不住了。

“师父，您一定累了吧，要不要进去歇一歇呢？”我说。

师父笑了起来，说：“八戒啊，师父已经‘听’到你的心声喽！”

“我们也都听到了！”大伙同时把手指向我的肚子。

原来我肚子咕噜叫的声音，大家都听得一清二楚。怪不好意思的。

走进茶馆，找了位子坐下来以后，我们马上点了满满一桌丰盛的点心。

茶馆中央有个小舞台，那是说书人的位置。这说书人坐在舞台中央的小桌子后方，完全不必看稿子，就能生动地为茶馆客人讲故事。

“哇，真是背得滚瓜烂熟哪！”猫小美说。

“啊？我们点了什么瓜？烂掉了吗？”我怕吃到坏掉的食物，紧张地说。

“以前有个孩子才十二岁而已，就能够将某位文人的文章读得很熟，每个细节都能记住，熟透的程度，就像是瓜蔓上因成熟而掉下来的瓜那样。后来就用来形容一个人读书或背书，到了非常透彻的地步。”师父解释道。

“哦，我明白了。”我夹了个素蒸饺，边吃边说，“就像是这一趟取经之旅，我都把经书给背得滚瓜烂熟了。”

大师兄孙悟空听了突然呛到，勉强开口说：“你在说笑吗？”

“我相信八戒确实把经书都背得滚瓜烂熟了。吃饱饭，不如就请八戒来背几段印象最深刻的经文吧！”师父微笑起来。

我立刻沉默了下来。

说书人的故事讲完了，正从舞台上走下来。

看见说书人的脸时，我大惊失色地叫了起来。

“天啊！他是黑白的！”我拉住大师兄，紧张地说，“你们注意到了吗？那个……那个人，他的脸、他的手、他穿的衣服，竟然完全没有颜色，就像是用黑墨水画出来的毛笔画似的，整个人是黑白的！”

“猪八戒，你是饿昏了，还是吃得太撑了啊？”大师兄敲我的头说。

忽然间，我发觉原来不只那说书人是黑白的，我揉揉眼睛，发现眼前的一切都失去了颜色，变成黑白的世界。

最后，我才明白，我失去了辨识颜色的能力。

滚瓜烂熟

【成语出处】 清·吴敬梓《儒林外史》第十一回

十一二岁就讲书、读文章，先把一部王守溪的稿子读的滚瓜烂熟。

【成语释义】 熟透了的瓜，滚落在地上，形容读书或背书极其纯熟流利。

【近 义 词】 倒背如流

【反 义 词】 半生不熟

寸步难行

视觉、听觉与味觉都退化的生活。

跑了镇上的几家中医，吃了许多的中药，依然无法解决我眼中世界变成黑白一片的窘态。

依照过往的经验，这一次，我很快就明白，我们一定又遇上什么鬼怪了。

“这该怎么办才好呢？阿弥陀佛。”

师父唐三藏真是好人一个。我的世界没有了色彩已经三天了。这三天以来我有些紧张，怕眼睛恢复不了，从此，我的人生就是黑白的了。不过，师父比我还要着急。他领着我四处寻找药方，也不断请大师兄孙悟空驾着筋斗云在方圆百里之内寻找神医。

可惜最坏的还不止如此。有天晚上吃饭时，我们又在那家有说书人的茶馆里用餐。大伙边吃边聊天，吃到一半时，一直低着头的小师弟沙悟净，表情忽然有些不对劲。

“怎么了，悟净？”师父问。

可是，沙悟净却没理会师父，低着头继续吃东西。这会儿，换我跟大师兄问他，但他依然不理会我们。半晌，他突然抬起头来，看着大家说：“今天的茶馆特别安静也就算了，可是，为什么大家吃饭也都不像以前那样聊天了呢？”

这下子我们是真的被吓到安静了。因为吃饭时我们可是一直不断聊天的啊。而且茶馆里不仅说书人讲着故事，客人也喧哗得很呢。

沙悟净的听力退化了，变成只有在真正很安静的室内，才能勉强听到非常大的声音。

还来不及思考怎么一回事，第二天早上在茶馆吃早餐时，竟看见大师兄一直不断在蛋饼上加酱油。因为实在倒得太多了，我忍不住阻止了他。

“吃太咸不好，会掉猴毛啊！”我半开玩笑地说。

“太咸？我完全吃不出任何味道啊！”大师兄说。

不会吧？我觉得有点太咸的蛋饼，大师兄竟然说没啥味道？

继我的视觉退化、沙悟净的听觉退化以后，这一顿早餐都还没吃完呢，大师兄的味觉也退化了。

到底是谁在整我们呢？接下来会不会轮到师父跟猫小美呢？

“一定是这茶馆有问题！”猫小美说。

“我也这么想。可是，身体机能退化了的我们，做什么事情都做不好，简直就是寸步难行。”大师兄摇头说道。

“寸步难行？”猫小美不明白地问。

“从前有个青楼女子名叫花魁美娘，曾在西湖舟中，大庭广众之下被人称吴八公子的男人羞辱。当时她的窘态就是光着脚丫，一步也走不得。后来，这个‘寸步难行’的窘态，被用来比喻处境困难。”

就在师父解释完成语的刹那，原来在茶馆中央坐着的说书人忽然站了起来。这是平常不会有的情况，因此，我们都注意到了。

那说书人戴着帽子，帽子上缘垂着薄纱，我们看不清他的脸。一会儿，只见他忽然举起手，指向我们。

“小心！”大师兄喊出声来。我们几个人立刻就定位成战斗位置，团团围住师父唐三藏，保护他的安全。

“想要恢复视觉、听觉跟味觉，就看你们有没有能耐通过这个游戏了。”

果然这茶馆是有问题的。说书人就是幕后黑手。

“谁要跟你玩什么游戏！”猫小美不屑地回应。

话音刚落，地板一震，烟雾大起。

雾散，我们被围在一个城墙中央，只剩下前方有道小门是唯一的出处。门上悬挂着一片木牌，写着四个字：野蛮游戏。

寸步难行

【成语出处】 唐·杜甫《九日寄岑参》

出门复入门，雨脚但如旧。所向泥活活，思君令人瘦……寸步曲江头，难为一相就。

【成语释义】 一步也不能走，形容行走困难，亦可引申为处境困难，无法继续下去。

【近 义 词】 左右为难、步履维艰

【反 义 词】 一帆风顺、畅行无阻

大材小用

企鹅一边跳舞，一边挥赶苍蝇。

没有别的选择了。我们只有前方的路可以走，只能被迫参与这场野蛮游戏。踏进入口，听见妖魔的声音从天空传来。

“如果你们在野蛮游戏里取得全面的胜利，不但能恢复失去的感官能力，我还会直接护送你们，突破时空迷障，回到长安城去。可是，如果你们失败了，就得离开唐三藏，开始服从于我。你们这么聪明，浑身本领，只帮着一个和尚做事，太大材小用了！”

“大材小用是什么东西？”我问。

“抗金爱国词人辛弃疾晚年，受到投降派的排挤和打击，有一回遇见同样身为诗人的陆游时，陆游鼓励他，说他才华很高，可是现在的状况对他而言像是把最好的材料用在小地方，但是不要放弃，应该寻求更好的发挥之地才对。后来，‘大材小用’就用来说人才使用不当。”师父解释。

“胡说！”我大声抗议，“我们跟着师父才不是大材小用。跟着师父是最好的选择，师父让我们的才能有很多发挥的空间。你这妖魔不要乱说！”

“八戒说得很对！”大师兄孙悟空喝起彩来。

“没错！正是如此。”沙悟净也附和着。

师父听了我们的话以后，感动得眼眶都泛红了。

我们走过一道小桥，前面又是一道别无选择的城门。门前立了块小木牌，上面写着游戏规则：游戏开始后，天空将出现一道彩虹。请指出彩虹上的颜色哪里出了错误。

“这还不简单！”大师兄忍不住笑出来。

“等一等，最后还有一行小字。”猫小美说。

“作答者仅能有一人，”沙悟净念着，“由团体当中体重最重者作答。若非体重最重者，以及旁人直接告知答案与同音字，皆属无效。”

所有人都把目光转向我。这……这是哪门子的游戏规则！根本就是针对我这个色盲，简直是歧视。

“这下子也算是能够发挥你的才能了。”大师兄挖苦我。

可真麻烦。因为我现在的世界是黑白的啊，哪能看出彩虹的颜色出了什么问题呢？真是的。我按照指令操作，果然天空出现一道彩虹。可是，黑白眼的我完全无法分辨哪里出了问题。

“规则上说不能直接告知答案，意思是可以暗示吧！”大师兄说。

“试试看吧！”我无助地说。

“多了一道颜色。”沙悟净说了一个没什么帮助的提示。

我看得出来这道彩虹有八层。我只是无法看出色调，但算术还是好的。

“介于黑色跟白色之间的混合色调。”猫小美暗示。

“我从小就最不会画画，什么混合色调啊，我不清楚。”我苦着脸回答。

“这么清楚的提示也不明白啊……”大师兄摇摇头。

忽然间，师父开始不停地摇起两只手来。

“快猜这个动作。”

“赶苍蝇啊！”我莫名其妙地回答。

“不是！”

“嗯，是企鹅跳舞？”

“不是、不是！”

其实我已经知道答案了，只是故意跟师父闹着玩。大家都知道我是故意的，所以站在师父身后笑得东倒西歪。

最后，我终于放过师父，说出了正确答案。

“挥手的挥。所以，是同音字，是灰色。彩虹多的颜色是灰色。”

刹那间，我看得见彩虹的颜色了，原来色彩是这么的美丽啊，以前怎么都没发现呢？就在我发自内心地赞叹时，城门也打开了。

我忽然忍不住笑出声来：“师父，您的跳舞天分应该不错喔！”

“都是为了你，我才愿意牺牲形象的。”

师父瞪了我一眼，捻起佛珠，开始正经地念起佛号来。

大材小用

【成语出处】 宋·陆游《送辛幼安殿撰造朝》

大材小用古所叹，管仲萧何实流亚。

【成语释义】 重要的材料却用在小地方，显得有些浪费。用来比喻一个人的才能没有被人看重，显得有些浪费。

【近 义 词】 牛鼎烹鸡

【反 义 词】 人尽其才

百发百中

从花田冲过来尖叫的向日葵！

我们继续往前走，不久，看见一片广袤的向日葵花田。

终于恢复了辨识色彩能力的我，看着湛蓝天空下这一片金黄色的花海时，心里生起从未有过的感动。

然而，愉悦的心情没有持续多久，怪异的事情就发生了。

只不过是几秒钟的时间，那些原本看起来很可爱的向日葵，竟然全都变成一个个狰狞的面孔，瞪着我们。每一朵花都长出了五官，尤其是嘴巴，特别大。

我们还来不及反应，上百株恐怖的向日葵，便朝着我们几个人的方向冲过来。它们停在我们的面前，嘴巴张得大大的，简直就像随时能吞掉我们。

“想吃掉我们？先尝尝我的金箍棒吧！”

大师兄从耳朵里抽出金箍棒，一跃而上，准备给包围着我们的向日葵妖怪当头棒喝。

怎料，这些向日葵张大了嘴巴，并非是要吃掉我们。当大师兄挥下金箍棒的刹那，这些大嘴向日葵，竟然开始发出刺耳的尖叫声。

“天啊！我的耳朵快破了！”

大师兄两手捂住耳朵，金箍棒霎时掉落到地面。

“别管我！快照顾好师父！”大师兄喊着。

本来想去拯救大师兄的我和猫小美，却也被那向日葵发出的尖叫声给折磨到头快爆炸了。

我们每个人都捂住耳朵，完全没有办法做其他的反应。当然，也无法为师父做些什么。师父身子虚弱，整个人倒在地上，十分痛苦。

大师兄念了一串咒语之后，从金箍棒变出了许多弓箭来。因为尖叫声的缘故，很难直接跳到向日葵的前面施展身手，大师兄打算用这些弓箭来解决它们。

然而，尖叫声实在太刺耳了，大师兄的手一直发抖，射出去的箭，自然也就没一个准的，全落到地上。

“大师兄，让我来吧！”小师弟沙悟净说道。

沙悟净开口时，我们才赫然发现，他完全不被尖叫声影响。因为现在的他，听觉是退化的。

“那就拜托你了！”我们把希望寄托在沙悟净身上。

老实说，我们都很清楚，沙悟净擅长的事情绝对不是射箭。不过，这时候的沙悟净从眼里透露出一股强大的自信，让我们相信他办得到。

他拿起弓箭射出第一发。

啊……果然，不行。

他射出的箭，准确度比大师兄用发抖的手射出去的箭还低。

“哈哈哈哈！”向日葵花田传出一阵狂笑声，“我早就知道你是你们这群人当中最没用的，所以，你不被我的尖叫声影响，我一点都不担心。凭你的能力，是不可能解救你的同伴跟师父的。”

向日葵妖怪大概忘了沙悟净听力退化了，哪能听得见它说什么呢？因此，沙悟净依然自信满满的，继续发射弓箭。

向日葵妖怪发出的尖叫声更大了，还更靠近我们，只要再接近一点，马上就会把师父给吃掉了。

说也奇怪，沙悟净好像被激发了潜能，发出去的弓箭愈来愈准。向日葵妖怪没料到沙悟净的射箭功力进步神速，所以没有多加防范。不一会儿，几乎每支箭都射中了它们。

“简直是百发百中了！小师弟，你太强了！”我称赞。

“百发百中？”猫小美问。

“三国时代有个叫作黄忠的人，有一把奇特的弓。那弓是用紫檀木所制造，硬度却比钢铁还坚硬。相传黄忠使用这把弓时，能用非常大的力量来拉弓发射，更神奇的是他所发出的每一支箭，都能射中想射的目标，完全不会偏移。也就是说发出一百支箭，这一百支箭都能命中红心。”难得有我知道的典故，我得意地说着故事。

“别再说了，你们看看小师弟，真是太厉害了！”大师兄说。

我才刚跟猫小美解释完百发百中，就看见所有的向日葵全被沙悟净给射中了要害。

向日葵不再发出恐怖的尖叫声，并退回花田里，恢复成一开始什么事情都没发生过的模样。

“百发百中的历史重现哪！”我喃喃自语。

“谢谢称赞！”沙悟净回应。

“啊，你恢复听力了。”猫小美开心地说。

一直以来，个性内向的小师弟沙悟净总像是我们的助手，很少有机会单独展现身手。这一次，真是让我们大开眼界了。

百发百中

【成语出处】 战国《战国策·西周策》

楚有养由基者，善射，去柳叶者百步而射之，百发百中。

【成语释义】 形容射箭技术高超而准确。也比喻料事如神或做事有绝对把握。

【近 义 词】 百步穿杨

【反 义 词】 无的放矢

山明水秀

当筋斗云遇见闪电……

过了向日葵花田以后，穿过一片树林，我们遇到了一条大河。

河的对面，有山有水，阳光闪闪照耀着，是一片非常美丽的风景。

“真是山明水秀的好地方，像是从画里切割出来的啊！”师父唐三藏赞叹。

“山明水秀是什么意思？”我问。

“曾有人描写到环境的清静秀丽，在明朗的气候中有美丽的高山和干净的溪水，就用了‘山明水秀’这四个字。宋代词人黄庭坚甚至还用山明水秀，来描述美丽女子的容颜，五官清丽脱俗。”

“原来如此。”我望着河的对岸说，“这么一片山明水秀的景色，应该想办法赶紧过河去看看哪！”

“可是，没有桥，也没有其他的路。”猫小美说。

“能够变出一座桥来吗？”我的目光投向大师兄。

“我试试看。”大师兄拿出金箍棒来，念了一串咒语，果然眼前缓缓伸出一座石桥来。可是，这条河实在太宽了，大师兄变出来的桥，还差了一大截。

“果然如此。”我叹气，“要是大师兄的七十二变，什么困难都能解决，我们这一路上也就轻松多啦。”

“别老是靠我啊！”大师兄瞪了我一眼。

“我是流沙河出身，擅长游泳，我可以轮流背着大家游过去。”

沙悟净说完后，望着前方的大河。突然，那大河像是听见了我们的对话似的，原本安安静静流着的河水，顿时竟然兴起海里才有的大浪，从来没见过这样的浪出现在河流里。

“如果是这样，我也可以用筋斗云轮流载大家过去。这样子，衣服还不会被弄湿呢。”大师兄说。

“可是，”师父唐三藏问，“还有我这匹白马呢！筋斗云有办法承受那么重的重量吗？”

“应该没问题。”大师兄拍拍胸脯。

接着，大师兄就唤来了他的筋斗云。女士优先，他首先将猫小美载过去。接着是沙悟净，再来轮到我。

大师兄先将师父的白马给运过去，最后，再将师父给接上筋斗云。

看起来非常地顺利。然而，就在筋斗云飘到河的中央时，突然一道闪电从晴空万里的天空中落了下来。接着，在闪电中，冒出一个全身长满青苔的怪物。他头顶着一个大香菇，十分可笑，但面目很凶煞。

“我见过他！”猫小美对着天空上的孙悟空大喊，“他是毒菇精！不要碰到他！不要吃他给的任何东西！”

“悟空，师父我突然好饿啊。”师父唐三藏说。

“这毒菇精的本领就是会让你感到饥饿，接着假装好心地故意请你吃他的香菇炖汤。一旦吃了，就会立刻中毒身亡。”猫小美继续喊叫着。

“师父，您听到了吗？不能吃他的东西啊！”孙悟空提醒。

“饿了吗？哈哈哈！”毒菇精果然端出一道冒着白烟，看起来热腾腾的香菇汤。我们在河岸上，都能够闻到天空中飘来的香味。连我肚子都感觉到有点饿了呢。这诱惑真是大啊。

“我真的饿了。”师父显然已经被迷惑了，竟不顾大师兄的阻止，准备将热汤给接过来说，“感谢这位施主，贫僧就不客气了。”

“师父！不可以！这是有毒的汤，您不能被迷惑啊！”大师兄急忙喊道。

“我要喝汤，好香啊……”被迷惑的师父眼睛直勾勾地盯着汤，仿佛没听见大师兄的喊声。

“别急、别急！今天的游戏规则有些改变呢。”毒菇精邪恶地笑起来说，“我手上有三碗香菇汤，只有一碗是没有毒的。有毒的那两碗有苦味，一吃就知道。孙悟空，你那么爱护你的师父，吃吃看哪一碗是不苦的，再给你师父喝吧。别说我对你不好，因为是我让你来测试的，所以呢，即使你喝到苦的也不会中毒。你可以放心地为你师父挑选，不用怕自己也会死喽。”

我听了以后，非常紧张。

“大师兄现在丧失了味觉，怎能分辨出来呢！可恶！”

毒菇精听到了我的话，耸耸肩，故意做出一个“没办法喽”的表情。

“都不喝的话，你们师徒二人就准备摔下河去吧！”毒菇精作势要把师父推下河。

“好吧！”大师兄无奈地点点头。

大师兄根本不可能尝得出来。我不能让大师兄跟师父白白丧命。大师兄比我重要多了。老实说，这个取经团没有了我，还可以继续完成使命。但是，要是没有了大师兄，师父不可能平安返回长安城的。

就在这想法萌生之际，也不知道哪来的勇气，我突然抽出猪耙子，往地上一蹬，念了一串我多年来唯一会的咒语，往天空上筋斗云的方向给跳了过去。摇摇晃晃的，真不敢相信，我居然成功登上筋斗云。

“说什么我也是个爱吃鬼，让我来吃，一定没错！”我说。

“谁叫你上来的！”毒菇精忽然紧张起来。

结果，我一尝，立刻揭穿毒菇精的诡计。

“这三碗全是苦的！”我气愤地说。

“可恶！坏了我的好事。既然如此，你就给我全部喝下去！”

毒菇精话毕，从香菇头里伸出手来将我捆住。那手是有毒的，我的身子立刻被麻痹，接着，嘴巴也被硬撑开来。不到两秒钟，那三碗毒汤就落进了我的肚子。喉咙、食道跟胃顿时像是着火一样，灼热起来。我痛苦得跌下了筋斗云。

“八戒！”

大家齐声呼唤我的名字，我却能清楚地分辨出每一个人的声音。从天空落下的过程，我最后一次望着师父、孙悟空、沙悟净和猫小美，忍不住流泪。

“谢谢你们，真的很高兴认识你们。我下辈子还要当你们的朋友。”

我在心底说着。

然后，就失去了意识。

山明水秀

【成语出处】	宋·黄庭坚《蓦山溪·赠衡阳妓陈湘》
	眉黛敛秋波，尽湖南、山明水秀。
【成语释义】	形容山水秀丽，风景优美。
【近 义 词】	山清水秀
【反 义 词】	穷山恶水

春暖花开

穿过那片暗黑树林，就是回家的路。

我再度清醒的时候，明白自己阳寿已尽，离开了人间。

这是哪里呢？

我躺在一张床上，眼前漆黑一片，看不清楚。忽然，有一阵烛火闪了过来。

“猪八戒，你醒啦？”

我从床上坐起来，看了看说话的人。他面目狰狞，但对我说话的语调却很温柔。好像很面熟，却始终想不起来。

“我是阎王啊！”

阎王？我果然死了。

“等一等，我就算死了，也不该是到你这里来吧！”我忽然清醒了，并且提出抗议。

“是啊。可能是你太重了吧，应该飞上极乐世界的，却掉到我这儿来了。你跟着唐三藏去西域取经，意外丧生，算是殉道而亡，理应去到极乐世界才是。我这里是阴曹地府，没你的名字哪，代表你跑错地方了！”

“我哪知道呢？我又没死过。”

“总之，我就是等你醒了以后，要把你送到极乐世界去。”

忽然从他身后飞来一只大乌鸦。

“该不是要我骑在它身上吧？”我问，“这乌鸦再怎么大，也不可能载得动一只猪的。”

“当然不是要你骑到它身上。你可别瞧不起我的宝贝乌鸦，它最近业务很忙呢。本来把人带来地狱的工作应该是黑白无常的事情，但是人间的罪犯过多，黑白无常他们老是抱怨工作量太大，我只好多增加一名成员。”

阎王说完以后，那乌鸦唰的一声，就用它的嘴，把我给叼起来。然后，以一种我从没经历过的速度冲向天空。

乌鸦飞的速度太快，我又昏厥了过去。

再醒来时，我想应该是到了极乐世界吧。

“好一片春暖花开的景象哪！”乌鸦忽然开口说话，

“我真希望我叼的人都是来极乐世界的，而不是去那令人浑身不舒服的地狱。”

“极乐世界只有春天吗？”我不明白。

“曾有人描写过中国江南的美好风景，认为江南的苏州、杭州就跟天堂一样美好，有着四季如春的舒适气候，而且百花盛开，于是便用了‘春暖花香’和‘春暖花开’这样的形容词。”没想到一只乌鸦也饱读诗书，说得头头是道。

乌鸦离开后，我也没在这春暖花开的地方待多久。

极乐世界大门的守卫看见我，一脸狐疑地说：

“猪八戒，我们这里确实有你的名字，但不该是现在来。时间搞错了。你快回去吧！”

“真是怪了！我这么不受欢迎哪，地狱退货，天上也不收。”

守卫笑起来：“不受欢迎比较好吧？难道你真的活得不耐烦啦？”

他给我吃了一粒很甜的芒果后，我又昏睡了过去。

再次醒来时，眼前守着我的是熟悉的师父、大师兄孙悟空和小师弟沙悟净。

“阿弥陀佛，善哉、善哉！八戒，你终于醒了。”

师父的眼睛盈满了泪水。

啊，真的。我又活过来了。

我把我像是做了一场梦似的经历，分享给大家听，忽然发现，什么地方不太对劲。

“咦，猫小美呢？”少了一个人，笑容甜美的那个。

大家一片沉默。

“到底怎么回事？快告诉我。”

大师兄孙悟空吞吞吐吐地说：“猫小美看见你中了毒，从云端上摔下来时，奋不顾身地就跳上天空，非常勇敢地跟那毒菇精奋战，把我和师父给救了出来。最后她收拾了那毒菇精，却也因此牺牲了。”

“因为猫小美的牺牲，我们总算通过了野蛮游戏的考验。”沙悟净说。

“所以，你看，我们就快回到长安城了。”师父指着远方。

我望过去，确实在山的另外一头，就是长安城的路口。我知道我们突破了时空迷障，终于要回到家了。

然而，猫小美却无法跟我们一起回到那里去。

这一晚，我们决定不过夜，继续赶路。因为我们每个人都很希望明天一早就能回到“春暖花开”的长安城。

不过，看起来很近的长安城入口，其实还需要穿过一片树林。

这树林特别黑，我们手边完全没有生火照明的设备，似乎很难顺利通过。

就在这时候，天空闪下一道光束。

“该不会，游戏还没结束，又有什么鬼怪了吧？”我说。

“大家战斗位置准备！”大师兄喊叫。

光束中，飘下了一个穿着白纱、手持杨柳的久违的身影。

“是观世音菩萨。阿弥陀佛。”

师父领着我们双手合十，迎接观世音菩萨。“各位辛苦了。”菩萨温柔地说。

菩萨接着又说：“你们这一路上都表现得令人赞赏。本来以为你们在西域取经成功后，就会松懈下来，然而这段日子给你们的考验，证明你们为了保护唐三藏，守护佛经而不遗余力。同时，你们彼此之间相亲相爱的情感，愿意为彼此牺牲的精神，在我和你们一起生活的这段时间，都看在眼里。所以，最后的这片树林，就让我领着你们顺利通过吧！”菩萨微笑着。

“感谢菩萨！”我们异口同声。

“咦？”我悄声地对大师兄说，“你有没有听到刚刚菩萨说，她跟我们一起生活？”

“对。我还以为我听错了。原来你也听到了。”

“该不会……”

“啊！难道菩萨就是……”

走在我们前方的观世音菩萨，忽然转过身来，看了我跟大师兄一眼。菩萨难得俏皮地用手抓了抓鼻子，然后轻轻地发出一声：“喵！”最后，给了我们一抹神秘的微笑。

于是，我们都明白了。

春暖花开

【成语出处】 明·朱国祯《涌幢小品·南内》

春暖花开，命中贵陪内阁儒臣宴赏。

【成语释义】 本指春天气候宜人，景物优美，百花盛开的样子。亦可比喻大好时光。

【近 义 词】 春光明媚、春暖花香

【反 义 词】 冰天雪地

附录

成语录

【第一关：数字迷失】

一毛不拔： 一根汗毛是指非常细微的东西，连微不足道的一根毛都不愿拔取。这个成语常用来讽刺极端自私的人，不肯贡献一点力量帮助别人。后来又形容人非常小气。

二八年华： 指的是十六岁，正当青春的女子。后来形容年轻女孩都用“二八佳人”，并不仅指十六岁而已。

三思而行： 在决定一件事情之前，应该反复考虑再三，然后才去做，错误的机会便可降低。

四平八稳： 原本用来形容身体各部位生得匀称和结实，后用来形容人说话和做事稳当。有时也用来形容做事情只求不出差错，缺乏创新。

五花八门： 五花、八门各指古代兵法中的五行阵、八门阵。后来比喻形形色色、变化多端的东西。

六畜兴旺： 六畜指的是牛、马、羊、猪、鸡、狗。形容各种牲畜、家禽繁衍良好，后引申为生活上丰衣足食之意。

七嘴八舌： 形容人多口杂、议论纷纷的样子。

九牛二虎： 一次能拉九头牛，并制伏两只虎。比喻使出非常大的力量，相当费事。

十全十美：比喻圆满美好、毫无缺陷的境界。

【第二关：快乐日不落】

眉飞色舞：形容非常喜悦得意的神情。

心花怒放：形容心情像盛开的花朵般舒畅快活。

心平气和：形容情绪稳定，不着急也不生气的样子。

垂头丧气：低垂着头，意气消沉，形容失意沮丧的样子。

兴高采烈：用来形容兴致勃勃、情绪热烈的样子。

聚精会神：原本指集合众人的智慧，后来引申为一个人集中精神，对正在做的某件事情非常专心。

目瞪口呆：形容因为吃惊或害怕而发愣的样子。

【第三关：心想事成】

尖嘴猴腮：形容人面部瘦削，相貌丑陋。

胆小如鼠：胆量小得像老鼠一样，形容非常胆小的人。

狼吞虎咽：形容吃东西又猛又急。

马不停蹄：到处奔走而不休息，用来形容忙碌不休的状态。

井底之蛙：比喻见识浅薄的人。

守株待兔：妄想不劳而获，或者意指死守旧规、不知变通的态度。

漏网之鱼： 比喻侥幸逃过劫难、危险或制裁的人。

顺手牵羊： 顺手把人家的羊牵走，引申比喻乘机取走别人的东西。

【第四关：野蛮游戏】

滚瓜烂熟： 熟透了的瓜，滚落在地上，形容读书或背书极其纯熟流利。

寸步难行： 一步也不能走，形容行走困难，亦可引申为处境困难，无法继续下去。

大材小用： 重要的材料却用在小地方，显得有些浪费。引申为一个人的才能没有被人看重，显得有些浪费。

百发百中： 形容射箭技术高超而准确。也比喻料事如神或做事有绝对把握。

山明水秀： 形容山水秀丽，风景优美。

春暖花开： 本指春天气候宜人，景物优美，百花盛开的样子。亦可比喻为大好时光。